U0029407

翻轉未來的人

從計程車司機到**韓國新首富**，
徐廷珍如何擠下三星、打敗財閥神話？

서정진, 미래를 건 승부사

셀트리온 신화와 새로운 도전

郭禎秀 곽정수 著　陳慧瑜 譯

目　錄

引言
沒有成功企業，
只有還沒失敗的企業

作者／徐廷珍

　　我記得跟這本書的作者——社論編輯郭禎秀的第一次見面，是在兩年前的訪談上。當時我說要去見郭編輯，結果周遭的人都提醒我，他對大企業不太有好感，要我小心。不過見了郭編輯之後，我感受到的是，他並不是為了批判而批判，而是用相當合理的標準對企業進行評判，是一位富有洞察力的新聞工作者。

　　不久前我聽郭編輯說，他想把對我和賽特瑞恩的觀察紀錄寫成書。我告訴郭編輯，如果是寫有關個人私生活的觀察，那就先不了，但如果是這段時間我和賽特瑞恩走過的路的觀察紀錄，就請一五一十地寫下。

　　不過，本書接下來會提到的「成功的」企業這個詞，我想補充一下我的想法。我認為，這世界並沒有所謂成功或失敗的企業。如果要正確表達一般所說的「成功的」企業，我認為用

「還沒失敗的」企業描述應該會比較恰當。所有企業都應該持續努力創新跟改變，才能在國際的競爭中不停面對挑戰，然後勝出。當停止挑戰的瞬間，企業就會失敗而被淘汰。以結論來說，我和我們的集團，其實是「還沒失敗」的企業，並且為了繼續保持國際競爭力，而不斷努力著。

　　此外，我討厭「土湯匙」這個詞。每個人都本能地有一種想成功的慾望，而成功最核心的要素正是那份迫切之心。很多人隨意就把成功、失敗之類的詞掛在嘴邊，但失敗不是可以這樣隨意說出口的。因為有迫切之心的人，即使倒下也會再站起來，做錯了也會回頭檢視，一直到自己成功之前，都會本能地賭上自己的一切努力。因此在斷定「土湯匙很辛苦、很困難」之前，如果充分考慮到我所擁有的這份迫切之心，可以如何改變未來，反而可以讓它昇華為優點。

　　本書拋出了「徐廷珍的真正模樣是什麼？」這種問題。雖然我也不清楚我真正的模樣，但我想用我這段時間認為最重要的四件事情來回答這個問題。

　　這些話是我在宣布退休的早晨廣播中，給員工們的最後叮嚀。除了這些叮嚀之外，我還說我很感謝、也很榮幸成為賽特瑞恩這艘大船的船長，而我即將告別這段一起前進了二十年的時光。

　　第一個叮嚀是，我提醒組長以上的幹部要成為「參與型的幹部」。意思是，不要當一個優柔寡斷的主管，也不可以獨善

其身，而必須聆聽組員的意見，並在決策時做出合理果決的判斷。完成決策後，也必須成為以身作則的參與型幹部，凝聚所有組員的力量，互助往同一個方向前進。這是我在經營賽特瑞恩集團時，最重視的部分。

第二個，所有幹部都必須實踐「一分鐘忍耐運動」。企業工作並不是一個人能達成的，這個組織化的活動，必須要讓所有幹部像是在跑兩人三腳那樣，彼此配合呼吸來進行。所謂的一分鐘忍耐運動，意思是：如果有想說的話，要先想一分鐘再說出來。組織裡的成員有各自的性格差異，如果都只堅持自己的想法，組織是無法運作的。因此，有時候看到也要裝作沒看到，聽到也要裝作沒聽到，把想說的話忍下來，這些是我職涯期間很注重的要素。

第三個則是「為了未來而準備」的生活習慣。我們必須確認自己目前身處何處，每天想著未來該往何處前進，並找到最合適的途徑。這不只需要知識，而必須讓身體熟悉，讓它變成一種生活習慣。我日復一日尋求創新和領悟，並且不斷磨練、試圖改變生活習慣——這都是我職涯中為了未來而持續準備的日常核心。

最後，比起外部的評價，企業更重要的是要「提高未來生存可能性」。企業必須培養包含幹部的所有利害關係人，創造出收入與獲利相應的能力，並且在過程中持續成長。我們集團為了實現這種企業目標，提高未來生存的可能性，會望向未來

前進，但也同時著眼現在。我們的願景是讓明天的賽特瑞恩比今天的賽特瑞恩成長更多，而我們的主要價值，就是實現這個願景。

如果有人問「賽特瑞恩是怎樣的企業」，我認為可以用這句話來回答：「以健全的常識為基礎，首要目標是持續成長的公司」。所謂「賽特瑞恩的健全常識」的概念，是一間可以與公司主人（股東）配合、共享願景的自信公司，所有幹部都能在自己的工作中獲得成就感，並產出最棒的成果，也對國家和人類有所貢獻。賽特瑞恩就是在這種健全的常識中，往明日前進的年輕企業。如果公司有做錯或需改正的地方，就應該準備好認錯並健康成長。

我想，郭編輯撰寫的這本觀察日記，應該會寫下我跟賽特瑞恩的優缺點，以及試錯過程等。此外，郭編輯雖然不會寫出我沒談到的內容，但應該也會強調他這段時間跟我對話時我分享的部分。

然而，不管這些對面對挑戰中的企業或年輕人有何種意義，光是能讓讀者閱讀，對我和幹部來說就是很大的榮幸了。同時，這本書給了我和幹部一個機會，共同回顧一起前進的這段時光，也希望對各位讀者而言，記錄我個人與公司成長史之中好的一面，可以成為學習的標竿和契機。

深深感謝寫下這本觀察紀錄的郭禎秀編輯，希望可以透過這段引言，鄭重向這段期間支持、關愛我與集團的所有股東和

幹部表達感謝。我確信也希望，日後賽特瑞恩集團能成為比現在更好的企業，持續發展成邁向未來的全球化企業。

作者序
非典型的企業神話

　　賽特瑞恩的徐廷珍會長是成功的企業家，他創業二十年，已在財經界前四十大企業中占有一席之地，是名符其實的企業成功神話。就算考慮到賽特瑞恩的市價總額的細微變化，這家企業仍然以48兆韓元（2020年12月11日）躋身上市企業第六名，與三星電子、SK Hynix等韓國代表企業並駕齊驅。賽特瑞恩、賽特瑞恩醫療保健、賽特瑞恩製藥等三劍客的市價總值合計已突破80兆韓元。他持有的上市股票價值超過150億美元（約16兆韓元），在《富比士》即時統計的全世界富豪中，排名第一百零八，最近在韓國則超越已故的三星會長李健熙，成為第一。

　　新冠肺炎帶來了危機，這卻成為了徐廷珍跟賽特瑞恩的轉機。他們即將成為全世界第三個開發出新冠肺炎治療劑的企業，並迅速躍升為將韓國人從疫情的恐怖中解放的「新冠肺炎

英雄」。他表示，讓韓國成為「新冠肺炎淨土」後，賽特瑞恩可以免費提供北韓治療劑，這些話震驚了全韓國。正如1998年，現代集團創辦人鄭周永帶著一千隻牛穿越界線，促成了南北韓的交流，我們似乎可以隱約看到，他可能成為朝鮮半島和平大使的角色。

但另一方面，徐廷珍從創業初期就一直給人「騙子」的印象，他也大方坦承聽過類似傳言。原因可能是他在2013年因股價造假嫌疑被起訴，因而繳納罰金的不堪過往。不過特別的是，他創業二十年，即使已擠進成功企業的行列，卻仍無法完全擺脫騙子的標籤。

徐廷珍的真實面貌為何？如果讀者在判斷真實與否時，這本書能夠適時給予幫助，也算是有意義了。

雖然徐廷珍現在受到許多韓國人關注，但筆者兩年前跟他第一次見面時，他不過就是一個在生技產業中成功的企業人士罷了。當時我突然提議訪談，他出乎意料地馬上接受了。實際上，要跟大企業的領導人安排訪談並不容易。

我想見徐廷珍，因為我很好奇他生長在不寬裕的家庭，而後蛻變成白手起家的成功人物的過程。徐廷珍曾在大宇汽車工作，大宇因為外匯危機倒閉後，他在2000年跟五個後輩一起創業，只用了5,000萬韓元[1]。

1　編注：約新台幣116萬（2022年2月24日資料）。

　　雖然他在破產危機時一度想自殺，最後卻創造了主導世界生技市場的企業。「土湯匙」徐廷珍的成功故事，相信能為疲憊不堪的年輕人帶來希望。

　　若比較韓國、美國、日本三國的前二十大企業，會發現美國、日本當代白手起家的企業超過80%。韓國卻是到五、六年前為止，從祖父或父親手上得到經營權──即所謂的「金湯匙」出身的財閥二、三代，比率仍然是100%。當代創業的富榮集團、未來資產等進入財經界的前二十名，都只是最近的事。即便將範圍擴大到前五十名──白手起家的企業以賽特瑞恩為首，加上Kakao、夏林、SM、Naver、Nexon、湖盤建設、中興建設、Netmarble等，全部也不到整體的20%，跟美國、日本的狀態完全不同。如果國家的經濟要活躍，就必須一直有像徐廷珍這樣的新創業家登場。

　　我也很好奇徐廷珍的成功祕訣跟經營方法。賽特瑞恩在2012年成功開發全球第一個生物相似藥（Biosimilar，專利到期之後模仿生物藥而做出的複製藥）──抗體藥物[2]類希瑪（Remsima），為全球的抗體生物相似藥市場揭開序幕。賽特瑞恩持續開發二號、三號的抗體治療劑──赫珠瑪（Herzuma）及妥利希瑪（Truxima），很快就成為韓國的生技產業龍頭。資料顯示全球有超過三十萬家製藥公司，若營業利潤為基準，賽

2　作者注：一種利用人體免疫系統為對抗病毒而造出的蛋白質抗體的治療劑。

特瑞恩在 2021 年排名二十，之後的目標則是在 2025 年躍升為第十名。

韓國本來是生技的沙漠，因此，賽特瑞恩的成就根本像是奇蹟。

徐廷珍特有的經營哲學是：他相信成功的基礎在於韓國人的「潛力」，而企業最重要的資產在於「人」（員工）。我問過徐廷珍想不想寫自傳，他搖頭拒絕，但表示對於別人寫他的觀察報告沒有意見，並囑咐說「不要觀察我，看看我們公司（賽特瑞恩）這段時間走過的路吧」。他也透露，「希望這個觀察報告可以成為其他人的榜樣」。我感覺到，徐廷珍對於他在賽特瑞恩獨特的經營方法非常有自信。賽特瑞恩擁有很多其他企業沒有的東西，不對，應該說有「很多相反的東西」更貼切。徐廷珍說，「我回想自己過去是月薪族的時候討厭什麼，就做了完全相反的事」。我希望這種「徐廷珍式的顛倒經營」，可以給其他企業帶來新靈感。

三星會長李秉喆、現代會長鄭周永等韓國財經界的第一代創辦人，展現了從無到有的偉大企業家精神。而比他們晚二十至三十年登場的第二代創辦人，如大宇會長金宇中，他是月薪族出身，以「世界經營」為目標，展現了新的企業家精神。而徐廷珍是比金宇中晚三十多年出現的 2000 年第三代。他很常使用「founder」這個詞，也就是「創辦人」。這個詞顯示出他的獨特自豪感──土湯匙出身卻憑己力建立了大企業，與其

他二、三代財閥相差甚遠。不過，他說自己沒有什麼「企業家精神」能說嘴，而為了尋求進步與發展，還會持續尋找真正的企業家精神。我認為這就是謙虛。如果你問我，徐廷珍的企業家精神是什麼，我第一個會強調「不斷向未來挑戰的精神」。接下來，他則是急於走上一條「企業之路」，希望超越自我跟家人，並且除了幫助公司跟員工，也有益於股東、公司、國家等。

　　徐廷珍照著他先前的承諾，在 2020 年 12 月 31 日六十五歲退休，與幹部做了離別致詞。他的妻子──賽特瑞恩控股副會長朴京玉（音譯）也在同一天卸下職務。不過他的退休跟一般退休的概念不太一樣，這其實是他挑戰生技產業結合第四次工業革命的「U-health Care」的新開始。徐廷珍不滿足於現有的成功，而是持續不斷地迎向新挑戰，這種作風恰好展現出他真正的企業家精神。在他退休之前，許多美國曼哈頓的國際投資人就已經摩拳擦掌，有意投資數兆韓元。

　　這本書精選了從 2019 年 2 月第一次到 2020 年 11 月最後一次的訪談，過程歷經二十二個月，是我與徐廷珍見面十多次中他分享的故事。其實一開始與徐廷珍的會面不是為了寫書，我們有時單獨碰面，有時則是跟其他人一起。有時談話會超過五個小時，也有過簡短的電話。跟大企業的會長有這種機會談話很不容易，如果沒有他親切的包容，這是不可能實現的，我想在此表達謝意。

　　跟徐廷珍見過面的人，都會陷入他奇妙的魅力之中。他有「土湯匙」出身特有的瀟灑跟誠實，講話滔滔不絕，有時還帶點髒話，卻反而更有人情味。他特有的風趣讓人笑聲不斷，相處時感覺時間飛逝。筆者盡量在沒有爭議的前提下，將他的話語原封不動地呈現在本書中。

　　為了幫助讀者理解，我將對話整理成十九個主題。我不是按照對話的時間順序去編排，所以部分內容可能會重複，甚至矛盾。而我認為有需要的地方，就會加注對話的時間點。這本書可以從頭開始閱讀，也可以按照主題，選擇自己感興趣的部分來讀。

　　由於本書基礎是談話內容，所以必須確認發言的真偽。我也盡可能確認了徐廷珍談話中公開的內容，但有一部分由於超過筆者的能力範圍，只能單純呈現他的言論。另外也有某些部分，可能與當初他發言的意圖不盡相同，這些筆者都會負上全責。

　　徐廷珍自嘲說：「我不是那麼好的人，請不要美化我。」他強調，做事業的人如果活得像模範生，那是賺不到錢的。所以事業成功的人，必須反省自身的過去，並且將成功的果實用之於社會，而非自己。這些話是徐廷珍的真實想法，還是過度包裝，全交給讀者自己判斷。不過在這接近兩年的時光，在討論這個觀點的幾次訪談中，他的話語似乎沒有隨著時空有太大變化。

　　沒有人可以斷定徐廷珍之後的面貌，但很確定的一點是，他的新挑戰也會在未來持續下去。

2021年1月

郭禎秀

PART 01

「土湯匙」徐廷珍

家裡賣蜂窩煤跟米
朴正熙遇刺時在場
第一份工作是計程車司機

徐廷珍的學生時期與青少年時期可說是一波三折。他自述，「我就這樣一路馬不停蹄地活過來了」。他上國中時，隨父親離開故鄉清州來到首爾。他必須幫忙父親在近郊社區的記者村賣蜂窩煤跟米，所以較晚才進高中，必須跟比自己小兩歲的同學們一起上學，之後大學也選擇了有學費補助的學校。他在青瓦台的警衛室服役，親眼目睹了韓國歷史轉捩點的朴正熙遇刺事件。大學在學期間結了婚，他為了幫助在國小任教的妻子，曾兼職當了兩年計程車司機，成了「純愛漫畫」的主角。

█ 家裡賣蜂窩煤跟米

你畢業於仁川的高中，那裡是你的老家嗎？

　　我老家在忠清北道的清州，我一季會回去一次。

是為了去地方監督嗎？（笑）

　　不是啦，當然是因為愛鄉啊。（每次去）都會跟國小同窗聚會吃飯。賽特瑞恩總公司主要位在仁川，清州五松工業區的大小則是仁川工廠的一半。如果將總公司設在地方，會引來社區居民的不滿，連辦個馬拉松也會打電話來。我之前還在大宇汽車的時候，因為公司處境變艱辛，上頭要我跟仁川的市民求助（大宇汽車工廠在仁川富平）。所以我就跟居民見面，結果反而被問這段時間大宇汽車為他們做了什麼。但現在的賽特瑞恩，已經被認證是仁川企業了。

你是什麼時候來首爾的？

　　隔年國中三年級時，我們搬到首爾舊把撥的記者村，我父親第一次開始當蜂窩煤商販。他存錢做白米生意，然後又再存錢開了間小磨坊。

記者村似乎是很多記者住的社區。

　　對，我朋友們的父親都是記者。我父親無意間去到記者

村，結果讓我跟完全陌生的記者子女們一起生活相處。那時有很多被解雇的記者。如果這個朋友的父親就職，那個朋友的父親就被解雇，那個朋友的父親就職的話，這個朋友的父親就被解雇，諸如此類。

1972 年 10 月維新開始，言論限制嚴重。發起言論自由運動的許多媒體人士都備受煎熬。1975 年強制解雇的東亞、朝鮮日報記者有一百三十多人。

　　所以我沒想過要做記者，（人生）會變得很複雜，感覺這個職業不太安全（笑）。我有個很熟的朋友，他父親是拍攝板門店事件[1]知名照片的人。他每天都在說他老爸的事。因為那是獨家新聞，他老是說要拿到獨家有多難之類的。我當時就覺得，記者只要能照好一張照片就好了。我跟父親還有社區幾個人一起成立了記者村教會，非常小，連個遮棚都沒有就開始了。但每天都是戰爭（笑），大家都各有主見，所以有太多記者的教會，也很難找牧師。本來聽完講道之後說「阿門」就結束了，但總是會有人舉手發問講道內容，所以牧師又得再補充。現在經過都市改造之後，已經沒有這種社區了，那些人大都也已經離開人世了。

1　作者注：1976 年 8 月 16 日，美軍跟韓軍在板門店「不歸橋」附近的南邊哨所清除樹枝時，北韓軍人用斧頭跟棍棒犯下暴行，造成兩名美軍軍官死亡、多人輕重傷。

你似乎比較晚才進高中。

　　我有兩年時間都在幫忙父親做生意，所以沒辦法上學。之後我打算升學，但這期間已經改成「免試抽籤」（高中標準化），所以我就去仁川的濟物浦高中。我寄宿在那裡，感覺像是留學。我的戶籍是1957年出生，但其實是1956年出生。我在濟物浦跟1958年的同學（高中標準化實施第一年第二十一屆畢業生）一起上學，所以同學從1955到1960年生的都有。（因為我）同學也常常會有衝突，而裡面甚至還有我弟弟的同學。

你在濟物浦高中的同窗有誰呢？

　　Kim & Chang的律師車東旻（音譯）、前MBC報導本部長權在弘、前中小企業部長官洪鍾學、仁川市長朴南春等都是我的同窗。

▍朴正熙遇刺時在場

你在建國大學主修工業工程學。

　　建國大學會招收名門高中畢業的學生，我也是被賣進去的（笑）。我在1977年一入學就去當兵了。因為高中比較晚讀，入伍通知很快就來了。我當兵是在青瓦台的警衛室，朴正熙總統過世之後，警衛室也跟著解散，並轉到當時全斗煥將軍指揮的合搜部。我在二等兵時期，全斗煥還是少將，我當上兵長時，

他就變成總統了。

朴正熙遇刺事件時你似乎在現場，1980年光州民主化運動時，你也在軍中嗎？

　　我在那之前就退伍了，退伍後也同時復學。

大學生活過得如何？

　　我那時還挺有名的。

為什麼？

　　（稍微停頓了一下）就不是默默無名啦（笑），因為每年都是全校第一。我大學也沒念滿四年，1983年就提早畢業了（本來1984年春天畢業）。我是文教部官方第一個提前畢業生。不是因為我是天才，而是因為要就業。如果四年都念完的話，就會因為年齡太大而難以就業。

▋第一份工作是計程車司機

你在大學在學時結了婚。

　　是在三學級的時候。

是有什麼需要盡快結婚的原因嗎？

沒有。我跟妻子交往了六年，老丈人就催促說「你到底要怎樣，什麼時候結婚啊」，我說「如果沒辦法相信感情的話，那就先登記吧」。（沒多久之後）老丈人就把妻子轉到我的戶籍了。然後在妻子娘家挖個印章就登記了，當時（結婚登記）是不需要印鑑圖章的，這才讓妻子娘家比較安心。結婚典禮是在那一年之後辦的，聖誕節前的 12 月 17 日。我們去度蜜月，男生們（丈夫）都到陽台抽菸（表情嚴肅），女生們反而都一派輕鬆（笑）。

聽說你在學時兼計程車司機？

我兼職做了限時計程車[2]司機。拿到駕照一週後就馬上開始了，所以我的第一份工作其實是計程車司機。妻子從教大畢業之後，在龍仁王山的韓國外大分校開始了教師生涯。我們得到的新婚房，位置在首爾江東區巖寺洞，是個十四坪的公共住宅，到龍仁上班不太方便。我早上用計程車接送她，然後載共乘的客人回首爾。我開計程車去上學時，同學還會要我教他們開車。駕訓班很貴，我就只收他們半價。我那時開過的計程車有 pony 一代、Brisa、pony 二代等等。pony 一代的煞車不太靈光，急煞時腳會很痛。計程車司機要對路很熟，同時也要看路

---

2 作者注：韓國政府 1979 年 4 月施行的制度，發放所有持車人有期效的計程車執照。

跟客人。只要客人揮手，就得趕緊把車停下。我第一次開車出去的時候，如果看人，就會沒辦法看路，如果看路，就會沒辦法看人（笑）。那時可以共乘，所以預測客人要去哪裡再載客，是計程車司機的基本技能。我會在鎖門的狀態下只開窗戶，然後問他們要去哪裡。我要去適合共乘的地方，所以第一個客人很重要。不這樣的話，繳給公司的錢就會不夠。

你當了多久的計程車司機？

　　兩年後去了三星電機我就辭掉了。三星的工作地點在水源，妻子也轉到了新葛的國小。我在三星拿到的第一份月薪是16萬韓元，開計程車的收入卻是兩倍。當時幾乎沒有司機會說英文，飯店的行李員問我會不會英文，我說會，他就把外國客人都交給我了，所以當時收入還不錯。他說如果載外國人去機場，零錢可以全部自己收走。我抓到了要領，途中就讓他們去購物，零錢於是進了我的口袋。我的人生到目前為止不是一切順遂，而是這樣一路馬不停蹄地走過來的（笑）。妻子提前退休時，做了一天的榮譽副校長。在我們家裡，從事公職並爬得最高的就是我妻子。

PART 02

在三星、大宇會長
身邊的工作經歷

最尊敬的企業家：三星創辦人李秉喆
大宇解體有一半以上的責任是我的
第一、二代與第三代創辦人的差異

徐廷珍的經歷特殊，他一邊過著月薪族的生活，一邊跟在韓國財經界巨人——三星會長李秉喆及大宇會長金宇中身邊。徐廷珍最尊敬以「事業報國」為經營理念的李秉喆。他被金宇中迅速挖角為幹部之後，就在大宇汽車負責全球經營的核心目標。大宇當時在外匯危機中迴避公司重組，而且只顧擴張，終於迎來解體的命運。徐廷珍自白，他認為自己也要負很大的責任。徐廷珍也坦承，他認為與李秉喆和金宇中等第一、二代創辦人相比，自己身為第三代創辦人是最大的不同。

▌最尊敬的企業家：三星創辦人李秉喆

你在三星是做什麼工作？

　　我在三星電機所屬的集團祕書室裡工作，負責在龍仁愛寶樂園研修院的新人教育。類似於論山訓練所（基本軍事訓練）的助教角色。研修團隊在愛寶樂園吃住，我在那裡訓練新人的時候非常嚴厲。講師如果說十點，指針一指到十點，所有人一定要準時配合。搭公車的時候也會監督，一到整點就馬上關門出發，沒搭到車的人就自動離職。因為要用時間嚴格管教別人，所以壓力很大。我可以用助教特權讓門晚五秒關，所以我覺得自己其實是負責人。新人不知道我也是員工，只知道我是前輩，會對我九十度鞠躬。

那時候三星創辦人李秉喆還在世。

　　我最尊敬的經營者就是李秉喆會長。

有什麼原因嗎？

　　會長常說「事業報國」[1]。在我來看，他不只是裝裝樣子而已。會長對國家有很多想法，不過他周圍有很多名為「人」的

1　作者注：將企業當作對人類跟國家有益的事業，幫助國家發展，是李秉喆會長的經營哲學。

阻礙。也因為這樣，導致他不清楚三星的本質。集團經營的中心是祕書室跟監督團隊，他以為這些人的意見就是集團的真實面貌，但那些人的行動標準其實也是內部人脈。當時有引進了文書處理器，會長卻不讓人使用。旗下公司的報告都是用word，祕書室卻是用手寫。我那時想，為什麼要這麼愚蠢啊。那時沒有什麼自動化的概念，會長的本意是不要把錢浪費在沒用的地方。

▎大宇解體有一半責任是我的

你在三星工作四年後轉到韓國生產性中心。

　　曾擔任生產性中心[2]常務的孫炳斗副會長（全國企業聯合會[3]前副會長）邀請我過去。

對，孫副會長是三星祕書出身。你三年後又從生產性中心轉到大宇汽車。

　　大宇（1978年）從GM那裡收購Saehan汽車後[4]，就改名

2　編注：韓國生產性中心（Korea Productivity Center）是一間企業顧問公司。
3　編注：韓國的大型經濟組織，有六百多個成員。
4　作者注：新進汽車在1972年跟GM聯手，成立了GMKorea。GMKorea在1976年進入產業銀行管理體系，並將公司名稱改為Saehan汽車。之後大宇集團在1978年收購Saehan汽車，並將公司名稱改為大宇汽車。1992年收購GM股份，開始獨資經營。1999年大宇集團解體。2000年大宇汽車被破產財產接管。2002年GM收購大宇汽車。

為大宇汽車，然後將顧問工作交給生產性中心，要我們提供大宇汽車的品質跟生產性創新方案。其實我不太懂車，但我當時說：「如果要賣車，車種最少要五種以上，從大型車到小型車都要有。開發一輛車要花3,000億，當時大宇汽車的生產量一年有20萬輛，光是開發費用，一輛車就要負擔150萬韓元，就算把車賣了也補不上開發費用，更不用說提昇品質跟產能了。」我的結論只有三行：「開發的話，就會因為開發完蛋；不開發的話，就會因為沒車完蛋；到底為何要收購GM？」

金宇中會長怎麼說？

　　他問我是什麼意思，所以我就說，（在這種狀況下）怎麼可能提升品質跟生產性。金會長問有什麼對策，我回答因為沒有對策，所以沒想過。金會長要我想想看（對策）。所以我建議，既然東歐開放，那就收購他們的汽車公司，規模增加到200萬輛，把一輛汽車的負擔降到15萬韓元。

照大宇汽車之後收購東歐汽車公司的情形來看，你的建議似乎被接受了。

　　他說「我的想法跟你一樣」，所以就收購了（東歐的汽車公司）。金會長叫我到大宇汽車去，並指示金泰球會長任命我為幹部，結果過幾天就有司機來，說今天是上班第一天。

是什麼時候？

　　1990年，我那時三十四歲，第一次坐有司機的車。我在大宇汽車擔任國際化推動本部長，大宇的人都在罵我，說都是因為我才這麼辛苦。我就這麼糊里糊塗地轉到大宇汽車。金泰球會長有一年時間對我用敬語，我還以為是因為尊敬，後來才知道原來是看我不順眼（笑）。金泰球會長一年之後才對我講半語，跟我講實話：「我按照金宇中會長的指示，（不得已）才讓你當了幹部，（後來看著看著，）也覺得帶你來是值得的。」

你擔任國際化推動本部長時，做了什麼工作？

　　創新經營。我也在海外蓋工廠，然後收購海外企業。大企業有一個好處，就是大家都不會想做要負責任的事，我如果說要做，沒人會攔我，但會要我負責。

大宇汽車是大宇國際經營的核心。也有人指責，大宇就是因為過度的國際經營才導致解體。

　　（大宇的國際經營）試了很多錯，也發生了很多事。我認為大宇會潰敗，有一半以上的責任都在我。（金會長）給了我很多機會，但也有很多可惜的地方。其實跟之後比起來，我當時工作更努力。

▎第一、二代與第三代創辦人的差異

你近距離接觸了第一代創辦人李秉喆，以及第二代創辦人金宇中。你也算是第三代創辦人的其中一位代表人物。你認為第一、二代跟第三代創辦人最大的差異是什麼？

　　我親自侍奉過兩位會長，這些人實行的是絕對權力，現在這樣做的人不多了。最近年輕一代都會盡量不用絕對權力或脅迫，要讓員工自己同意才可以。第一代的人如果到現在來經營，可能很難發揮長處。現在的創辦人如果沒辦法跟員工做好溝通，是不會成功的。我的祕書早上六點報告關於公司跟股東的新聞時，也只會強調不滿的消息，這些都是公司必須要聽的。上傳到 Blind[5] 的員工心聲也是必須傾聽的聲音之一。曾經有一名員工將自己得了腸胃炎的事情發到 Blind 上，結果發現不只一人，一看就知道是食物中毒。所以我在凌晨五點召開了集團緊急幹部會議，聽說是我們忽略了通知。凌晨五點半，我在 Blind 上傳，要有症狀的員工都自行通報，並說我會找出原因與對策。病人多達一百七十個，食品醫藥品安全處、仁川市、延壽區、保健所等等我全都通報，讓病人住院，完成所有事。Blind 上面出現了「要跟誰說啊？」、「趕快報告給上面吧」、「要上班嗎？」、「感謝組長們迅速處理」、「不舒服的人早日康復」

5　編注：讓企業員工匿名溝通的應用程式。

之類的留言。即使有一百七十人食物中毒，如果能迅速、真誠
地行動，也是可以解決的。如果想隱瞞的話，最近的年輕人可
不會忍耐。我們這個世代可能很難理解年輕人的想法，但他們
確實比我們這個世代好啊。想法好、實力好，工作的風格也很
俐落，我從來沒有因為年輕人而覺得鬱悶。我可以確定的是，
如果他們不認同我或是無視我的意見，就不可能會跟著我。

PART 03

四十多歲，只用 5,000 萬韓元創業

我都可以創業了，還有誰不行？

自殺未遂

救命的兩句話

殺人跟偷竊之外的事都做過了

不寫借據就借15億的朋友

用獻給上帝的錢開基金會

1999 年大宇集團解體，徐廷珍突然失業了。他沒有因此喪志，而是跟在大宇汽車一起工作的五名後輩，一起湊了 5,000 萬韓元挑戰創業。賽特瑞恩副會長金宇成（音譯）、賽特瑞恩醫療保健副會長金炯琪（音譯）、賽特瑞恩控股副會長柳憲煥（音譯）、前賽特瑞恩膚康（Skincure）社長文光榮（音譯）、賽特瑞恩醫療保健顧問李根京（音譯）等，都是開國功臣。徐廷珍在仁川延壽區廳的創業中心設立了 Nexol，尋找各種領域的可能性，並進行試錯，他一度因為看不見未來而想過自殺，後來發現生物相似藥這一片未開墾的領域。所謂的生物相似藥，是模仿專利到期之後的生物藥來製作的複製藥品。徐廷珍發現生物藥的專利即將到期，預見了生物相似藥的事業會有無限價值，賽特瑞恩的神話就此展開。

▌我都可以創業了，還有誰不行？

一開始創業的背景是什麼？

　　我是在四十五歲（登記年齡），只用 5,000 萬韓元就開始了。

最近年輕人就業困難，都快要撐不下去了，疫情之下更困難。
你比別人晚起步，幾乎是白手起家，能不能說一些話來鼓勵年
輕人？

　　以前去美國加州聖荷西，年輕人的熱情會讓我振奮，最近
去中國浦東跟上海也有類似的感覺。不過我們國家，卻好像熔
爐之火要熄滅一樣，很讓人不安。不久前我在漢陽大學教課，
我不是從首爾大、延大、高大畢業[1]，而是建國大學。我四十五
歲只用了 5,000 萬韓元就創業了，我沒有醫學背景，不是主修
生物科技，結果進入跟科系完全無關的事業。既然我都可以，
我們國家應該沒有不行的人吧？學歷比我好的人一大堆，有超
過 5,000 萬韓元的人也很多。我跟學生們說，父母出得起 5,000
萬韓元的人請舉手，結果一半的人都舉手了。我說：「你們
的條件比我好太多了。」我創業十七年，成了《富比士》全球
五百大富豪。他們說第一次看到像我這樣的人——那是因為我
有迫切的心啊。試著讓自己感到迫切吧，如果老是覺得游刃有

1　編注：韓國首爾大學、高麗大學和延世大學，是韓國公認最好的三所大學。

餘，那是做不到的。你也不能找一個躲避的洞窟，要把自己逼
到死角才行。我做過，所以知道沒什麼。不過你不能只靠自己
的實力，如果你要成功的話，必須要一天跟十個人真心說對不
起和謝謝，這樣就會成功。

▋ 自殺未遂

你說「真心說對不起、謝謝」就會成功，背後有什麼原因嗎？

　　我創業的初期很不順，拚死拚活想要把公司救活，卻還是
不行。我很聰明，但沒一件事順利。我很常聽到有人說我是騙
子，卻沒人說我真的詐騙過。總之，沒人相信我說的話。這樣
一來，人又會變成怎樣？會做夢回到創業之前，因為那是最幸
福的，結果打開眼睛之後卻發現自己已經在搞事業了，真的很
慘。銀行開門的時候最可怕，我的錢只出不進。某一天我冷靜
一想，不如乾脆都放棄吧。當然不是放下一切、不去煩惱就沒
事了，但我就這樣想到去自殺。

只是想（自殺）嗎？

　　我有實際進去過自殺網站。內容做得很好，有很充分的資
訊（笑）。我最一開始想的是自殺方法，從公寓跳下去好像太
痛了。如果有人分享心得的話，我可能會去問，但自殺網站的
特色就是沒有心得（笑）。總之，我因為身材比較魁梧，所以

好像不太適合跳樓。不是有些藝人會上吊嗎，但如果（繩子）斷掉，應該會很丟臉吧。所以我覺得，開車衝進水裡應該最可行，地點那時都找好了，是近畿道的兩水里。自殺的日子也抓好，祭祀的日子不行，所以必須在國慶日或1日、15日、30日等中抓一天，沒有人會挑21日這種日子。選好日期之後，接下來我想到遺書，但就算留下遺言，我的家人也聽不懂，只會覺得我今天特別煩人，叫我快點睡覺。最後一天，我一整晚沒睡，思考遺書應該要放哪，太早發現會有問題，但沒發現也會是問題。天亮之後我就出門，一邊跟家人說最後的遺言，結果他們還是沒聽懂。

所以你有去兩水里嗎？

　　真的去了，去了之後就開始煩惱，是吃完午餐再死呢，還是不吃就去死。但好像吃了再死比較好。我想說是最後一餐，就點了很多菜。餐廳老闆問我怎麼吃得完，我隨口說還有人會來。我定了自殺的日期，卻沒定說幾點去死。我抽著菸，結果太陽快下山，所以我就趕快開車去了。我帕的一聲踩了油門，卻撞上了護欄，這時我本能地踩了煞車，結果沒進到河裡。我倒車的時候，有卡車跨越中央線過來，結果（撞到）我差點死了。我是來自殺的，該不會因為交通事故先死了吧。當天覺得運氣不好，想說之後再死好了。

▋救命的兩句話

後來重新嘗試（自殺）了嗎？

　　自殺未遂回家之後，我沒有特別計畫，想說先多活十五天。我見了妻子，覺得很抱歉。所以我真的跟她說對不起、謝謝，我也這樣跟孩子們說。我想在死前見見這段時間沒見過的人，或想見的人。我在十五天內見了那些人，一直對他們說對不起、謝謝，這似乎傳達了我的真心。很好笑的是，過了十五天，我必須死的理由都消失了。死都不給我貸款的銀行，叫我重新帶文件過去，員工們跟我說會長加油，孩子們也說爸爸加油。問題都解決了。我只是說對不起和謝謝，一切就瞬間改變了。

聽起來很像連續劇。

　　我去紐約出差時，因為沒什麼事做，就讀了《聖經》的《馬太福音》。我以為是耶穌偉人傳，想不到四小時就讀完了。我又讀了一次，花不到兩小時。《馬太福音》不是叫我要去天堂，耶穌的意思是，神想賜給你福報，所以叫你做值得福報的事。之後我去以色列出差，就把耶穌的話記在地圖上。簡單來說，就是「去愛吧，然後去實踐吧」。在磐石上建屋的人是實踐者，如果不去實踐，就像是在沙灘上蓋房子。我害怕得不到福分。成功是「七分運氣，三分技術」，如果實力是30%，那就需要70%的運氣。想要有運氣，就必須有福分，要做可以得到福報

的事情。我意識到，裝聰明是絕對無法成功的。我很對不起家人，也很感謝他們。我到現在也對員工抱持著一樣想法。這就是賽特瑞恩可以成功的基礎。我如果是一個人獨自掙扎，沒有一件事情做得好。

▌殺人跟偷竊之外的事都做過了

你有想過自己會以企業家的身分成名嗎？

　　我並不想成為名人。每次有人問我是不是想當名人，我從來沒有肯定的答案。我從來沒有當名人的心理準備，就只是一個很平凡的人，糊里糊塗地變有名了。某一天我問妻子，王建在建立高麗的時候，會只做好事嗎？她說，可能也有做壞事吧。我又再問，李成桂跟李芳遠在建立朝鮮時，只做好事嗎？她也說，好像也做了壞事。所以我就問，我是不是也做了壞事。她就問我做了什麼，我回答，除了沒殺人、沒偷竊，剩下的都做了。她問，剩下都做了是什麼意思。我說，總之都已經這樣了，我會努力不再做出這些事。她問我為什麼的時候，我試著隱瞞（自己做的壞事），但我說我是在懺悔，很多人都會良心發現，所以我先認錯，畢竟不知道什麼時候會發生，請她先諒解。但這兩件事（殺人跟偷竊）我真的沒做過，剩下在模糊地帶的有很多。妻子交代我，千萬不要去其他地方說這些有的沒的（笑）。

你會不會對夫人太誠實了？

　　我最近都這樣告訴上帝：我會盡力而為，但請別讓妻子知道我的過去（笑）。其他事都攔得住，但總不能讓妻子知道不能告訴她的事吧。這也不容易，因為很多人沒事就會良心發現（笑）。早知道我會變得這麼有名，當初就該活得像模範生。我是真的沒料到，因為這不是我的目標。其實企業家就只是企業家，沒有非常好的企業家，也沒有壞的企業家。搞企業的人，怎麼可能不騙人。做生意的話，要賣東西就必須放大優點，然後隱藏缺點，都是這樣啊。企業家不是政治人物，沒有好企業家，沒有壞企業家，沒有大企業家，也沒有小企業家，只有想盡力成為好企業家的人，但那些人可能以前也做過很多該受批評的事。

　　我沒辦法自信滿滿說自己是好企業家。我如果是模範生，一定沒辦法成功。因為自己變有名了，所以最近滿有壓力的。去機場之類的地方，大家都會一直盯著看，我經過時旁邊就會傳來討論聲。有一次我還聽見有小孩用半語說「那是不是徐廷珍會長啊」。我跟其他會長講這件事，結果有人回我「哥你算好的了」，別人叫他連「會長」都不加，直接說「那傢伙」的咧。如果你在某種程度上，是可以代表國家水準的企業人士，那你的行為舉止都要很小心。但你以前生活時，可能從沒想過這些事。話雖如此，如果站出來說自己就是壞人，難道不可笑嗎。我覺得我的評價應該不會那麼差，我現在是「努力不做壞事」

的人——不過僅限於非常壞的事。

▎不寫借據就借 15 億的朋友

聽說你在事業有困難時，受過朋友的幫助。

　　金炯琪副會長有一天跟我說，隔天需要 15 億韓元，沒有的話公司可能會倒閉，他哭著跟我說這段時間辛苦了，說自己明天就會去山上。所以我叫他明天去銀行領錢。我想到我有一個高中同學是牙醫，他為了蓋診所從他父親那裡拿錢。我打電話給他，問診所蓋了沒，他說還沒。我叫他明天把錢匯過來，他問原因，我對他大喊「你跟我之間還用問這種問題嗎」，他問匯多少，我說 15 億韓元都匯過來。隔天金炯琪副會長跟我說他收到 1 億韓元的匯款，我跟朋友了解狀況，才知道那時候網路銀行一天的匯款上限是 1 億。我直接去找朋友，要他把剩下的現金領出來。我後來忘記這件事，半年以後接到他父親的電話，說想念我，我才發現大事不妙。

你被朋友父親痛罵一頓了嗎？

　　他沒有責怪半句，只說「我從我兒子那裡聽說了，他說你需要才把錢給你，我跟他說做得好。但現在我們家只能靠你啦」。他也問是不是有用在對的地方，我回說，多虧有那筆錢才沒有倒閉。

你朋友跟朋友的父親都很了不起，那麼你有歸還15億嗎？

　　那個朋友連一張借據都沒寫就借我錢了，那之後我用股票還15億韓元給他。當時我們股票不過就是紙片罷了，但現在那個朋友是有最多賽特瑞恩股票的個體戶，大概有30萬股（以2020年12月11日收盤價計，約1,000億韓元）。聽說牙科醫師在金融上也很有學問（笑）。聽說那個朋友有一天拔牙拔到一半，覺得很心寒，因為當時股價大跌，他損失了好幾億，結果竟然還在拔牙。現在他把診所當興趣在做了。我一生都感謝這個朋友，他也感謝我。他說他因為沒辦法把借錢的事告訴老婆，也沒能告訴爸爸，整整六個月都非常痛苦。他一直等到爸爸問診所蓋好的時間才說實話，這時他爸爸才找我。我成功是運氣好，因為有好朋友跟好員工，讓這一切變得可能。

▍用獻給上帝的錢開基金會

賽特瑞恩有福利基金會，是在事業初期的2006年設立的，那時候公司的處境還很艱難吧？

　　事業初期雖然一直注入資金，銷售卻沒起色。我去教會祈禱，說第一筆銷售如果成功，我會全部捐出去。從教會出來之後，我覺得自己許了很酷的願。但後來我真的得到了15億韓元，在當時算是一大筆錢。不過我跟上帝已經約定好了，失約的話不太好，所以我決定去「攤牌」。我去教會跟上帝說分一

半，上帝沒有回應我，我再提議祂拿三分之二，我拿三分之一，
結果祂還是什麼都沒說，我就說知道了。我決定用那一筆錢創
立賽特瑞恩福利基金會，原因不是我很了不起，而是因為我心
裡不對勁。

福利基金會主要是在做什麼？

　　集團捐出來的錢都是國家財產，而基金會只會用捐款的
利息。賽特瑞恩的旗下公司如果有利潤，就會捐一部分給基金
會。如果仁川、忠北、忠州處理社福的公務員、警察、老師碰
到困難，基金會在二十四小時內協助，但不接受其他團體的
請求。每年很難用超過30億，因為很少公務員會請求協助。
我們不知道幫助貧困家庭原來這麼困難。我說可以無上限地幫
助仁川的貧困家庭，結果卻沒人申請。我們國家的社會福利沒
閒著，所有企業都會照料自己的社區。現在有三個死角。被不
肖兒女拋棄的父母、生活有困難卻堅持供養祖父母的年輕人，
還有獨居人士。賽特瑞恩給這些人準備飯菜，也提供用水，還
幫忙裝假牙，但不開放報導或照相。企業如果將總公司設在地
方，會有很多勞心勞累的事。總公司在首爾的企業最輕鬆。如
果所有企業都把主要營業地設為總公司，那地區均衡發展自然
會實現。賽特瑞恩的總公司位在地方，因此存在一些困難，但
許多人都給予諒解。我也建議其他會長把總公司移到地方，這
樣就能照料自己的社區。

為什麼把基金會交給夫人？

　　福利基金會[2]的理事長是我的妻子。她有天覺得對不起小孩，說要辭掉國小教師的工作。那時我剛好創立福利基金會，就把理事長交給她了。她問這是做什麼的地方，我說是做好事的地方。我也告訴員工，會做福利基金會，就是為了得到福氣。幾年之後，我去的教會牧師退休了，我請他擔任名譽牧師，叫他別收教會薪水，改做我們福利基金會的工作，我會支薪。畢竟這段時間他只有用嘴巴工作，不如試試看到處跑、幫助他人。聽說單身男女的靈魂沒辦法在天堂結婚，就是因為那裡沒有證婚的牧師啊（笑）。

2　作者注：賽特瑞恩福利金金會朴京玉理事長是徐廷珍會長的夫人。

生物相似藥先驅

徐廷珍跳入生技事業十年後，在2012年成功開發自體免疫疾病抗體治療劑「類希瑪」，世界第一支生物相似藥正式登場。新加坡的主權財富基金淡馬錫控股、摩根大通的私募股權基金 One Equity Partners 等國際金融市場大戶，都搶著要投資。淡馬錫看見徐廷珍穿了十年的皮鞋而決定大膽投資，這讓人聯想到現代集團創辦人鄭周永的軼聞。鄭周永的皮鞋兩邊大拇趾都破了，甚至還有補釘、換過鞋跟──一雙皮鞋穿超過三十年的勤儉是眾所周知。

生物相似藥的開發持續推進，包括乳癌治療劑「赫珠瑪」，及血癌治療劑「妥利希瑪」等，賽特瑞恩成為了世界生技領域的代表。徐廷珍在事業初期就被貼上「騙子」的標籤，他始終未能摘下。他在應付賣空勢力的過程中，因為疑似操控行情而被警方起訴，成了不堪的過往。

▍世界第一支生物相似藥

雖然韓國已經有九十年製藥歷史，但主要是內需學名藥（合成藥品複製藥）。講到正式的生技業者，賽特瑞恩好像是第一個。

　　賽特瑞恩剛開始的時候，並沒有生物相似藥相關的正式許可準則。化學（合成藥品）領域中，原廠藥跟學名藥是一樣的，但生技不是這麼回事。生技藥是培養活的細胞，取出蛋白質製作而成。（原廠藥跟複製藥／生物相似藥之間）一定會有差異。如果將既有的學名藥相關標準直接導入生物相似藥，就無法獲得藥品許可。韓國在2011年建立準則，但問題出在海外。EMA（歐洲藥品管理局）主張生技原廠藥也有誤差（觀測值的差異程度），所以生物相似藥也必須在一定範圍內才能被承認。美國大學發表了反對的論文，說如果藥品無法像化學藥品一樣完美一致，就不能給予許可。我還去了美國做了公開發表。

反應如何？

　　他們一開始根本避而不見。結果我們說服他們的方式是，「先進國家的原廠藥很貴，根本沒辦法用」、「必須用生物相似藥競爭來降低價格」。生物相似藥實際出來之後，原本很貴的生技原廠藥就掉價格了。現在全世界談到生技，沒有國家不知道我們公司跟韓國。

賽特瑞恩開發的自體免疫疾病治療劑「類希瑪」，是全世界第一支生物相似藥。有人說它是嬌生「英利昔單抗」（Remicade）的複製藥，你覺得呢？

　　那是風濕病的治療劑。全世界有1％人口有風濕病，這種可怕的病症會讓病人與親屬都很辛苦，會搞到家破人亡，因為太痛了。如果沒有止痛藥，病人甚至連晚上也睡不著。在類希瑪出來前，用的是抗癌劑。抗癌劑是針對全身的藥物，但類希瑪是標靶藥物，只會針對發炎的部分治療，在減緩痛楚的同時，也會讓病患不再惡化。注射兩次類希瑪，扭曲的手臂就會重新回來了。即使沒辦法痊癒，也有助於恢復與維持。

聽說生物相似藥出來之後，藥物的價格就掉了？

　　一開始風濕病注射一劑要200萬韓元，但類希瑪只要10萬韓元。我們在上市時將價格下調。在歐洲，類希瑪的處方率有達到45％。

類希瑪之後，許多生物相似藥也陸續開發出來了，例如乳癌治療劑赫珠瑪、血癌治療劑妥利希瑪。賽特瑞恩的研究開發能量估計有多少呢？

　　跟全世界比都不會輸。尤其是我們的研究員全部都是韓國人。

製藥領域的專利期間是二十年嗎？

　　對，但過了二十年後，製藥領域的專利可以重新延長。制度也是有許多問題。

▌徐廷珍是騙子？

你自己說有聽過別人叫你騙子，我很驚訝。你覺得是什麼原因？

　　可能是懷疑我用某些錢做事業吧。我們在韓國的資本連一塊錢都沒有。銀行貸款全都是擔保條件。第一個投資的是KT&G，第二個投資的是做天使投資的創投公司。比較大的資源是松島新都市的土地。我買的條件是一坪50萬韓元、十年分期償還，之後被指定為經濟特區，地價變成每坪200萬韓元，升了四倍。我用這150億韓元買的土地作為擔保，跟銀行貸款800億韓元。一開始是用KT&G的200億韓元、天使投資200億韓元、銀行貸款800億韓元，共1,200百億韓元開始起步的。還補了一點我們初期的資金進去，做新創時不常有這種環境。

之後還有包含新加坡的主權財富基金淡馬錫等大金主投資。

　　2010年，淡馬錫跟One Equity Partners各投資了5,000億韓元。還有銀行貸款1兆韓元，從流通夥伴的8,000億韓元預

付款，加上我們的盈利，總共投資了4兆韓元。投資超過3兆韓元就有國際競爭力了，基礎設施不會輸給別人。但很多人無法理解，會問說這筆巨款從哪裡弄來的，錢是這樣給的嗎，覺得是用股票換的。他們以為除了這些之外還有（其他的），不相信我。

▌相信「舊皮鞋」的淡馬錫

聽說淡馬錫投資賽特瑞恩之後，收益非常巨大？

　　一開始他們給了5,000億韓元，十年後就變成值5兆韓元的股票[1]，漲了十倍。而且部分資金已經回收。

淡馬錫投資時應該也有風險，他們是怎麼果斷下決定的？

　　當時淡馬錫的人找我去首爾樂天飯店，他說著韓國財閥大老闆們的壞話，問我為什麼必須投資賽特瑞恩。我就給他看我穿了十年的皮鞋。我說我不穿名牌也沒戴名錶，因為我不是為了自己工作，而是為了公司工作，他就點點頭。我那雙鞋又穿了大概五年才丟掉。這個世界共通的語言就是熱情跟真心，如果用這個來武裝自己再接受挑戰，不管在什麼行業都能成功。

1　作者注：淡馬錫的100%子公司Ion Investments B.V.，以2020年10月底為基準，持有賽特瑞恩股份7.49%（1,011萬股）、賽特瑞恩醫療保健7.55%（1,142萬股）。

特別是生技，其實這是跟我們國家很合的行業[2]。

現代集團創辦人鄭周永也是以穿破鞋子聞名，你怎麼把皮鞋穿這麼久？

　　只要墊鞋底就可以了。穿新皮鞋的話腳跟會很痛。應該沒有人喜歡腳跟痛吧（笑）。

One Equity Partners 的投資是如何實現的？

　　資金進來那一天，最後開了多人電話會議。金正日也在那天死了（2011年12月17日），他們問原因，我說我怎麼會知道。他們也問有沒有地緣上的風險，我回說不知道。他問北韓把導彈射到哪裡，我說他們有射導彈？我怎麼會知道這種事。中間休息了十分鐘。副會長說錢進不來怎麼辦，哭喪著臉，我說如果我有對策，怎麼還會說要休息。我們副會長丟手機，說會長你自己看著辦。我說要不然你試試看，但他也沒對策。十分鐘休息結束之後，進去對方第一句話就是要匯款了。我問金正日死了，為什麼還要匯款，他說 One Equity Partners 的會長說：「JJ（徐廷珍）說到做到，如果再繼續問下去，他們可能會不接受投資，這對我們來說也是好機會，就直接匯款吧。」淡馬錫跟 One Equity Partners 在投資之前都有諮詢過，有先調

2　作者注：對話時間點為 2019 年 3 月中旬。

查我們公司跟我。調查報告寫我是「不錯的人」。而我明確知
道一件事──事業不是我自己聰明就可以成功的,身邊一定要
有人。而且必須相信這些人。我告訴年輕人,白己要有實力,
還有學校不會教你如何成為一個好人,你們要當好人才能有福
報。我說:「你的朋友如果今年是五個,明年就增加到七個,
後年再增加到十個。喜歡我的人越多,就越可能獲得巨大成
功。」

▍與賣空勢力的戰爭

你曾經因為無法忍受賣空勢力,所以宣布要將所有股票賣
出。[3] 你實際上真的有想要賣掉股票嗎?

　　(Nexon 創辦人)金正宙(2019 年 1 月)說要賣掉持有股
份。[4] 很多人都關注他到底能不能順利回收資金並且移民。我理
解金正宙的心境。[5] 我曾經想賣掉公司,實際上也真的有某集團
想買。如果賣掉的話,我可以拿到 1 兆韓元的現金,這在當時
是很大的一筆錢,但零頭會扣掉。我說不賣之後,他們就沒再

3　作者注:在 2013 年 4 月記者會發表。
4　作者注:韓國最大的遊戲公司 Nexon 創辦人、NXC 代表金正宙,在
　2019 年 1 月決定賣出資產跟特殊關係人持有的 Nexon 母公司 NXC 的持股
　(96.64%)。
5　作者注:據悉,賣出理由是不滿「Nexon 股票事件」搜查跟審判超過兩年,
　以及對遊戲產業不友善的諸多眼光與限制。

找我了。

2014年，你為了對應賣空勢力而買進自家股票，卻因為操控行情的嫌疑被起訴，繳了3億韓元。

　　檢方調查前我有接受律師指導，（跟檢方調查比起來）法律教育還比較難，要一直背東西（笑）。我對背誦實在沒自信，說到時候我自己看著辦，結果律師說絕對不能這樣面對檢方調查。我又不是在準備考試，不能照自己記得的回答嗎。我又沒有吞錢，哪有吞錢記不起來的。那時找了世宗律師事務所（SHIN & KIM），律師問我是不是真的沒暗吞，我說真的沒有。他們問為什麼，我說沒有暗吞的時間（笑），光是投資就很忙了。

實際的檢方調查如何？

　　我告訴他們，這段時間我為了守護公司，跟賣空勢力爭鬥，今天則是為了保護我的員工而來。搜查官在休息時間跟我說「你姿態似乎很高，但檢方是很可怕的，這樣下去你的屬下會很慘」，想要嚇唬我。我問「屬下們說了什麼」，他說「他們說會長不知情」，但不可能有會長對超過1億韓元的金流不知情。我說：「你可以全部都核對，沒有一筆有超過原先的目的。」檢方還是說我有罪，可能是正當防衛過度吧，最後以簡易起訴結案。我接受了兩年調查，檢方似乎核對所有我們執行過的資金。我跟搜查官說，「調查企業不用這麼麻煩，你可以直接問

我有沒有私吞」，因為做過的事我都記得（笑）。我說，問出來
不就能從表情看出答案嗎，搜查官應該訓練有素吧。結果搜查
官說：「我們認為有私吞才會傳喚（企業），但大家都說沒有
或不記得。有回答的，徐會長你是第一個。」接受調查之後，
我認為，應該不會有會長去看律師寫好的提問表。至少我見過
的會長中，沒看過有人的記憶力這麼好（笑）。數字這麼多，
怎麼可能都背起來。搜查官說「我做這行這麼久，因為徐會長，
感受到前所未有的衝擊，挺新鮮的」。我跟陪同我做調查的律
師事前約定好，如果他喀搭一聲按了原子筆，就要保持沉默，
結果律師一直喀搭喀搭，我就叫他不要再按了（笑）。

賣空勢力的真面目是誰？

　　韓國沒什麼長期投資的資金。賣空勢力有避險基金、投機
資金、外國資金，也有韓國資金。最常指責賣空問題的人就是
我，不過一點都沒有反映出來（政府政策）。如果小股東跟賣
空勢力鬥爭，小股東會輸——國家應該要守護人民啊，但這還
真是改變不了。

▌補償 1,500 萬韓元給小股東

眾所皆知，你會在股東大會跟股東直接對話，但這可能會很麻
煩，有什麼非做不可的理由嗎？[6]

一般股東大會大概十五分鐘結束，然後會有跟股東對話的時間。股東大概有五千人，他們對大會的內容沒有興趣，主要是來問我問題的。機構投資者有辦法知道公司資訊，但我們卻沒有機會分享給個人，這樣一來遊戲就不公平。我想把機構投資者掌握的資訊，透過有良好的應答，分享給個人投資者。股東大會主要是為了小股東而辦的。股東們還會做現場直播。社長們特別叮嚀我，不要說些讓人冒冷汗的話。

所以，股東們據稱因此絕對支持徐會長。聽說粉絲的狂熱程度就像是在追星。

我之前對抗賣空勢力時[7]，有個股東寫信過來。他在澡堂幫人搓澡，用 1,500 萬韓元買了賽特瑞恩股票卻慘賠。他說那是女兒的結婚資金，還說再也沒有活下去的樂趣了。這結尾讓我感覺有些奇怪。雖然不是我的責任，他沒有活著的動力卻讓我過意不去，所以我馬上去找他，跟他說對不起，自掏腰包給了他 1,500 萬韓元。那個人說「就當是借我的，我之後會還你」，我說好，我也叫他絕對不要放棄希望。這是我重新思考小股東的契機，雖然小股東投資時不會先跟我討論，但（資金）卻可能會是他生命的全部，或是全部財產。政府如果無法保護（股

6　對話時間點為 2019 年 3 月股東大會季。
7　作者注：在 2013 年 4 月記者會中，徐廷珍會長說「過去兩年間交易日四百三十二天中有四百一十二天的賣空發生」。

東被賣空勢力攻擊），那就得由企業來做，而最有效的方法就
是給他們正確資訊，讓他們與專家（賣空勢力）對抗時避免損
失。我跟賣空勢力鬥的時候也很累，媒體IR（投資說明會）甚
至還有人問：「要怎麼贏過賣空勢力？」我說別鬥了，那些人
養久了也跟長期投資人沒兩樣，投資人就說我很壞（笑）。

▋ 股價領先業績很危險

企業要保護小股東說起來簡單，但似乎不容易。

　　我總是跟員工這樣說。股價表現不能超過業績，這樣才不
會有無辜的受害者。

但「股價先反映業績」不是很普遍的看法嗎？

　　我們股東也說股價必須領先業績，但這樣會很危險，可能
又會有無辜的受害者。如果先反映，之後回到原位，中間就會
有人不好過。就算不能做到完美，公司能盡力減少無辜的受害
者。公司最好在大股東不賣股票的前提下努力，一切都交由市
場決定。我可以自信地說，賽特瑞恩今年會比去年好，明年會
比今年好，我們會一直向前。至於短期股價，我也沒什麼能說
的，但可以說有中長期的投資價值。

你為什麼這麼有信心？

　　投資人要看的，是公司能不能每年持續成長，而有幾點可以判斷。技術是否站在世界頂端、產品陣容能否跟世界競爭，以及是否有消化產品的系統、可以自力更生的現金，還有現在的市場評價等等。我們完全沒有使用技術專利，代表我們有自己的技術，也幾乎沒有外國研究人員，當地雇用的人力都是在銷售的流通管道。此外，我們的產品在2030年前會有二十五條產品線，有可以完全供應250兆抗體治療劑（antibody）市場的產品。其中有十八個可以提供製作生物相似藥。我們有現在跟未來的產品線，靠自己在全球臨床設計、獲得許可，也靠自己解決專利問題。我們在全球的專利勝訴率非常高，產能也是以中長期在投資，所以我才這麼有信心。

PART 05

躍升為
全球生技新星

2030年銷售目標30兆
一年出差天數超過兩百天
遍布全球的直銷體系
股東想要的話，賽特瑞恩的三間公司將合併
自掏腰包償還《自行車王嚴福童》80億損失

在徐廷珍的培養下，賽特瑞恩成為與全世界九十到一百個國家交易的國際生技公司。賽特瑞恩整體銷售的98%是出口，並且野心勃勃地設下目標，預計在2030年實現30兆韓元銷售額、世界抗體治療劑市場占有率15%。為此，他們從2019年開始建立全球的直銷體系。假如股東們願意，可以為了消除爭議而將開發生物相似藥的賽特瑞恩、分銷的賽特瑞恩醫療保健、開發化學（合成藥品）的賽特瑞恩製藥等三間公司合併為一間。由於被懷疑做假帳，徐廷珍受到金融監督院連續三年調查，對此他表示荒謬與委屈。

以日本殖民時期的民族英雄為題材的電影《自行車王嚴福童》，票房慘敗而且受到諸多批評，徐廷珍自掏腰包償還80億韓元的損失。

▊ 2030年銷售目標30兆

賽特瑞恩銷售的98%是出口？

　　我們跟九十到一百個國家做生意。你可以想成，除了印度、敘利亞之類的動盪國家與中非國家，我們都有生意就可以了。不過我們在俄羅斯沒有那麼努力，那裡沒「走後門」（賄賂）不能做，風險太高了。

印度人口多，市場應該很大。

　　如果交許可文件給印度政府，隔天八成全世界都在傳閱。他們技術保護太弱，所以就乾脆不交。

賽特瑞恩2020年第三季銷售額是5,488億韓元，營業利潤則是2,453億韓元，各自比前年同期增加90%、138%，更交出了季度史上最高業績。是因為新冠肺炎嗎？

　　新冠肺炎沒有影響，是既有產品的銷售跟利潤增加。整體年度營業利潤有到5,000億韓元。所有旗下公司的實績都成長100%，之後的業績會更好。在全世界三十萬間製藥公司中，賽特瑞恩的營業利潤目前排行第三十五。明年的目標是讓上市的三間公司（賽特瑞恩、醫療保健、製藥）營業利潤合計為兩兆韓元，並升到第二十名，2025年則要提高到7兆韓元，並進到前十名。

如果要更多利潤，應該要先讓銷售增加。

　　化學（合成藥品）的銷量大。賽特瑞恩的出口目標是2019
年達到1兆9,000億韓元，2020年4兆5,000億韓元。我們在
2018年前是1兆韓元，從2019年開始躍升。2023年的目標是
銷售10兆韓元，2030年則是30兆韓元。收益率應該會變成40
至45%左右。因為我們維持目前產品線的同時，也在建構全
世界的直銷體系。

你們2019年在美國舉辦的摩根大通醫療保健會議中，表示在
2020年會有最高45億美元（約5兆韓元）規模的供給能力。

　　我們會準備，會配合達到這種規模的生產能力。有產品
跟市場之後，我們會做預估（forecasting）。我是想在我退休時
讓銷售達到4至5兆元。我叫後輩挑戰在2023年前達到銷售10
兆。在2030年整體的抗體治療劑市場中，我們公司最少要占
15%以上。三星生物（Samsung Biologics）如果做到像我們這
樣，就已經占全韓國的30%了，這樣生技醫療保健產業就會
變成韓國的重要基石。如果要成為這樣的企業，我當然會對公
司在韓國整體產業占比有一定的標準。

全球的生技市場規模有多大？

　　整體製藥市場有1,500兆規模，韓國不過10兆而已。其中
有1,000兆是合成藥品，500兆是生技藥品。裡面最難的就是

賽特瑞恩做的抗體治療劑領域，這個市場約有250兆。

你們在全球是排名十三的生技製藥企業。

　　現在變成全球很多人都知道的公司了。在美國洛杉磯，靠好萊塢吃飯的人約有20%，所以打好一個產業的根基很重要。要培養現有產業，並投入新產業，人民才能過得無憂。如果我們以這種高度來投資生技產業，那韓國的定位（address）就會達到這種里程碑。

▌一年出差天數超過兩百天

其他集團的會長主要都在辦公室工作，偶爾會出差。但徐會長除了國內還親自跑全世界的業務。

　　如果想在韓國賣藥，就必須進到首爾大、延世大、現代峨山、三星等四大醫院。為了快點把藥賣出去，所以我親自跑業務，就連醫院也去過。因為效果好，又再去了一次，結果（賽特瑞恩徐會長親自到醫院）就在業界傳開了。之後如果不去，他們會覺得被輕視。如果沒談好，藥可能會賣不出去，所以我就不得不繼續自己跑了（笑）。其實現在他們連（親自去）謝謝也不說了，但如果會長親自跑，決策會比較有效率，成功機率會變高。

聽說你也很常去海外出差。

　　如果要出口到接近一百國，一年三百六十五天就必須出去（海外）超過兩百天。看起來很威風，但現在也停不下來了，快（累）死了（笑）。我雖然是糊里糊塗開始的，卻也不得不做。做生意的時候，如果我覺得一定要跟某人交易，就會死命往前衝。

有什麼祕訣嗎？

　　說服之前我會一直去拜訪。外國人下班時間幾乎固定，在家門口等一定會碰到。如果先打個招呼，說我是來見你的，他們就不會迴避。我會問不用我們藥的原因是什麼，是討厭我們公司，還是討厭我們的藥，還是其實是討厭我？如果討厭我，我會一直去找他，直到他了解我。如果討厭我們公司，我會請他親自來看。如果討厭我們的藥，我就用科學來解釋。到了這個程度，他們大概都會說出理由，接著要求各種資料。我隔天馬上就會帶資料過去，對方會很驚訝，說竟然已經有了。如果我說晚上（帶資料過去）見面談談，他們會很慌張，表示需要時間研究。幾次之後，這就在業界傳開了，說事情最好趕快解決，免得徐會長去你家門口等（笑）。

這跟記者「蹲點」的方法一樣。目前因為新冠肺炎，出口面臨困難，製藥領域的狀況如何？

現有的藥品出口減少很多，因為病人沒辦法去醫院。但我們的產品是必需品，所以新冠的影響不大，畢竟不打的話會有人喪命。

▋遍布全球的直銷體系

你宣布在2019年之前會建立全球的直銷體系。[1]

在加拿大與美國的體系，分別會在2020年與2022下半年完成，其餘國家將在2019年完成。賽特瑞恩醫療保健有八十名海外外派人員分別在六十個國家，但將增加到一百人。在各國的當地召聘人員將會是三千至五千人。

建立全球的直銷體系有什麼意義？

跨國製藥公司的判定有幾個標準。首先是技術是否獨立，再來是未來產品線有多少，是否將臨床跟設計許可全球化，是否有充分產能，是否有銷售網路等。我們之前是找輝瑞之類的分銷合作公司，但在2018年改為直銷體系。如果建立成功，就能成為全球的製藥公司。創業時為了確保技術，忙到沒時間顧產品流通，不得已只好透過分銷合作公司來銷售藥品。後來發現中間實在被抽太多，手續費率高至50%，低至45%。不

---

1 作者注：對話時間點為2019年2月跟3月兩次。

過，建立直銷管道非常費事，一般製藥公司連想都不敢想，我一開始也是這樣。但進入之後，才發現不用太害怕。除了輝瑞的人都舉白旗了。我們跟輝瑞也在協議中。

聽說徐會長親自建構了直銷體系。

　　我會自己衝去現場，所以自然掌握各國的特性。美國要這樣做，英國、德國要那樣做等等。我們的員工與各國都有相同的理解，所以我可以親自做。好比說，荷蘭人口有九百萬。如果要賣藥，有十五個人就夠了。我知道在荷蘭賣藥最強的十五人名單，只要挖角他們就行了。

如果少了中間的抽成，公司收益應該可以大幅提高。

　　產品流通費用可以減少15至25%，對國家來說也可以減少10%，利潤率當然會增加。可以將這些附加利潤當作競爭優勢。

不只是賽特瑞恩，這還可以幫助韓國的製藥公司進軍海外，有著網路的作用？

　　如果有全球的直銷管道，就像有了一條韓國製藥公司到海外的高速公路。不只是我們的產品，其他韓國企業也能進軍世界。這是韓國的巨大資產。其他外國製藥公司也是一樣。輝瑞的產品流通手續費是50%，如果賽特瑞恩只收25%，那當然會

找我啊。

你強調過很多次，可以超越世界第一的製藥公司輝瑞。[2]

　　賽特瑞恩在日本的人力不到一百人，輝瑞卻有兩千五百人。因為他們是透過併購而成長的公司，沒辦法調整人力。這也是我們的競爭力。日本當地雇用的員工如果超過業績目標，獎金最多可以給到年薪的一半。只要有挑戰跟熱情，我們就能追上輝瑞。政府跟社會應該要打造可以進行這些挑戰的環境。

直銷體系是由賽特瑞恩醫療保健主導嗎？

　　對。這是銷售專門的公司，除了我們自家產品之外，也可以賣其他產品。

股東想要的話，賽特瑞恩的三間公司將合併

賽特瑞恩開發的產品，賣給賽特瑞恩醫療保健之後再銷售到海外——這種交易結構會不會有自我交易跟假帳嫌疑？

　　一開始做生物相似藥，賽特瑞恩並沒有辦法全靠自己，只

2　作者注：美系公司輝瑞在2013年前的銷售是全球第一，因此聲名大噪，但輝瑞卻在2014年的關鍵點讓位給了瑞士跨國製藥公司羅氏。羅氏的處方藥銷售在2019年以482億美元排名第一。輝瑞則以436億美元占據第三。

有分成賽特瑞恩跟賽特瑞恩醫療保健一途。我當時說：「開發出產品的機率很高，我給你銷售權，但你要分攤開發的風險。」這就是創立賽特瑞恩醫療保健的契機。賽特瑞恩的開發費用中，用自己資金投資的占60至70％，其餘30至40％則由賽特瑞恩醫療保健分攤。在開發過程中，要通過驗證程序就必須先把東西（藥）做出來。得不到許可（事先做好的藥）就沒辦法用，但得到許可之後就能賣了。醫療保健那邊就是先買、先持有，之後再賣就可以了。我那時創造的商業模式就是這樣，沒有其他公司做過。我跑遍全世界，想找可以投資醫療保健來分攤賽特瑞恩風險的夥伴，結果沒人理睬。現在應該會有人想，早知道當初投資醫療保健——這樣我當然那時候也好辦。2010年（新加坡主權財富基金）淡馬錫同時投資了賽特瑞恩跟賽特瑞恩醫療保健，摩根大通的私募股權基金One Equity Partners也認可我們，於是開始投資醫療保健。

當時最大的股東是徐會長，第二大的是KT&G。

　　我雖然有跟KT&G建議，但他們說沒辦法。如果KT&G同意，他們現在應該就有醫療保健的股票了，但當時KT&G可能懷疑這會不會成功、生物相似藥的時代真的來了嗎，諸如此類。

KT&G的賽特瑞恩股票也在2010年賣出了。[3]

賺了大概3,000億韓元。不過如果有參與醫療保健，應該
能賺到更多利潤。

據說賽特瑞恩、賽特瑞恩醫療保健、賽特瑞恩製藥三間公司會
合併。[4]

假如股東希望，那隨時都能合併。[5]合併的瞬間必須繳交1
兆韓元的稅金，醫療保健的股票也會有資本利得稅。但我會說
不用管稅金，只管推動。每年國稅局都會以「自我交易」為由，
跟我要求130億韓元的贈與稅。不合併要一直繳贈與稅，合併
之後一次繳1兆的利得稅，哪個比較好？（自我交易贈與稅）
原本是為了抓現代汽車的鄭義宣會長才訂定的，結果鄭會長沒
繳多少，我卻在這段期間繳了500億。我跟鄭會長說，你該繳
的都被我繳掉啦。我跟國會議員說，他卻問我為什麼要繳，我
回答「這不是你們制定的嗎」。前中小企業部部長（濟物浦高
同窗）洪鍾學還說：「你被我制定的法律捅刀嗎？」

3　作者注：K&G在2010年將12.2%賽特瑞恩的股票全數賣出。
4　作者注：徐廷珍會長在2020年1月15日（當地時間）美國舊金山舉辦的
　　摩根大通醫療保健會議中，表示2021年若股東希望，會進行合併三公司
　　的程序。之後更於2020年9月25日正式發表公司的合併計畫。
5　作者注：作為賽特瑞恩三公司合併準備階段，徐廷珍會長於2020年10月
　　將持有賽特瑞恩醫療保健股票的一部分實物投資，建立賽特瑞恩醫療保健
　　控股。並決定在2021年底前將賽特瑞恩控股跟賽特瑞恩醫療保健控股合
　　併，確立控股公司體制。

這段期間你都怎麼繳贈與稅？

　　沒辦法的話只好貸款。不久前我跟新韓銀行說了，他們叫我用賺的錢繳。我跟他們說我年薪（以稅前為基準約是14億韓元）聽說比銀行的副行長還少。我的年薪對員工都是公開的，其實拿更多也沒地方用。我跟認識的會長夫妻一起吃飯，他說要把錢用完再死。我說：「老婆健康就沒地方花了，如果老婆健康還想用錢，只會自己頭痛而已。」會長夫人說「幹嘛這麼說」，我回答：「這是事實嘛，沒有地方花錢，要怎麼花光再死？不要想說死前要把錢花光，好好做自己原本在做的事比較好啦。」

金融監督院因為假帳嫌疑正在調查賽特瑞恩。

　　文在寅政府上台之後到現在，我一直都在接受調查，他們調查了賽特瑞恩三間公司整整十年的明細。雖然怎麼翻也翻不出東西，卻還是繼續第四年。前青瓦台祕書長問金融監督院調查的原因，結果他們說我在匈牙利有虛構銷售的造假嫌疑。可能覺得我從大宇出身，所以跟金宇中會長學到的吧。我們員工都笑到不省人事，我叫大家別太在意。

金融監督院說因為是在海外進行，所以不容易確認，也花比較多時間。

　　哪一個海外事業夥伴會一年借1兆韓元來虛構銷售啊？這

有可能嗎？一塊錢都會帶來損失的事，那些人怎麼可能去做？現在的政府剛開始查三星生物假帳的時候，我們也一起被查了。

自掏腰包償還
《自行車王嚴福童》80 億損失

賽特瑞恩娛樂製作的《自行車王嚴福童》票房失利。[6]

我們雖然很努力製作，但虧損高達 80 億韓元。電影的劇本是李凡秀代表拿來的。那時候（自行車大賽舉辦的）首爾龍山曾經聚集了十萬人，（給日本殖民下的百姓）帶來很大的鼓舞。所以我叫他試試看，用單純的心態去製作了。我的家人都看了兩次（笑）。電影有再教育國民的功能，韓國人民在韓日合併開始到 1945 年解放為止的漫長歲月中，讓人銘記在心的大事件並不多，這難道不表示我們是個愚蠢的民族嗎？我們不是靜靜待著就得到解放。麥克阿瑟讓親美的李承晚創造了政府，而李承晚在金九去世前才急忙地建立了政府。那時他們用寫反省文、轉投新政府為條件，接受了親日派，才扭曲我們的歷史。這些人為了抹去自己的痕跡，將獨立鬥士的後代子孫貶為赤色分子之後殺掉。這類事件不計其數，最近才都被翻出來

6　作者注：對話時機點為 2019 年 3 月跟 10 月。賽特瑞恩娛樂的《自行車王嚴福童》在 2019 年 2 月上映，故事是有關嚴福童在日本殖民時期，於自行車大賽中擊敗日本選手，是第一個優勝的朝鮮人，也成為民族英雄。

了不是嗎？我是為了讓大家知道我們民族並不是像蠢蛋一樣靜靜待著，所以拍了這部電影。

花了這麼多錢，但電影為什麼會失敗？

我們應該在拍電影之前先去見遺族，跟他們說：「有談戀愛的劇情，請諒解。」但我們沒有做到（笑）。另外，CJ跟樂天並不喜歡我們進軍電影界，所以沒給太多上映的場館，甚至有些場館只給人很少的時段。我見到CJ孫景植會長時，跟他說「給您添麻煩了」，他說哪有添什麼麻煩，需要的話隨時開口。孫會長似乎完全不知道我在說什麼。

你用自己的錢來賠償公司所有的損失。[7]

最大股東確實該負這個責任。Kim & Chang[8]說這是史上頭一遭，還說（國稅局）可能會認為是贈與，所以叫我連贈與稅一起繳——反正他們都說我自我交易了，每年還從我這裡搶100億韓元的贈與稅不是嗎（笑）。

你是怎麼開始娛樂事業的？

《每日經濟》的張大煥會長說要一起做影視公司。我們投

7　作者注：償還時間點為 2019 年 3 月 10 日。
8　編注：韓國最大的律師事務所。

了80%股份，每日經濟則是20%。但是《每日經濟》突然說要脫手，叫我們買走他們的股份，就變成我們自己做了。結果我開始做跟我八字沒一撇的連續續。2013年的《王家一家人》也是在這裡做的，六個月的收視率飆到50%。別人問我為什麼要做，但我也沒辦法把那種狀況都說出來（笑）。我覺得既然要做，就要做好。

PART 06

新冠肺炎，
危機即轉機

2021 年春天的新冠肺炎淨土

治療劑不該用來賺錢

為什麼無償提供治療劑給北韓

川普瘋了

疫情爆發後，每天只睡兩小時

「危機即轉機」這句格言，非常適合用來描述徐廷珍。全世界因為新冠疫情迎來危機，也包含韓國在內。徐廷珍卻快速開發抗體治療劑而受到矚目。新冠肺炎治療劑開發順利，他有自信能在2021年1月底或2月初讓治療劑Rekirona在韓國市場販售。徐廷珍的想法是將治療劑開發當作公益事業，所以在韓國會以成本價（包含開發費用）提供，並且計畫海外的供應價格會低於競爭業者。新冠疫情爆發後，徐廷珍開始在自宅居家辦公，在前三至四個月期間，為了一一確認全球市場跟銷售狀況，他一天只有兩小時可以闔眼，只能小睡片刻來補眠。

▌2021年春天的新冠肺炎淨土[1]

賽特瑞恩開發中的新冠肺炎抗體治療劑Rekirona（CT-P59）很受矚目，政府也為了讓你們加速而投入心力，請問何時才能在食品醫藥品安全處申請緊急使用許可？

最近我都快變成公務員了，每天都在跟政府開會，忙得亂七八糟（笑）。臨床第二期試驗會在11月24日左右結束，最終實驗數據需要一個月才會出來。我們應該可以按照結果，在12月底向食品醫藥品處申請。[2]

治療劑在臨床試驗中的效果跟穩定性如何？

看臨床數據，治療劑對初期患者的效果很好。在羅馬尼亞執行的臨床第二期試驗中顯示，患者注射治療劑後四至五天，病毒就完全消失了，甚至幾天之後就可以出院，效果顯著。這代表不太可能會有重症患者或器官損傷患者出現，也沒有安全性的問題，甚至當地的醫師也說可以打在自己身上。外國製藥

1　作者注：這部分的對話時間是2020年11月20日。治療劑開發狀況變化快速，本書上市時，很可能已經完成了治療劑許可申請跟治療劑市售，筆者也想過把這整段都刪掉。但在治療劑開發、許可申請、市售計畫、價格擬定、對北韓無償支援等相關的幾段發言後，我認為這對徐廷珍會長及賽特瑞恩的發展有重要價值，因此決定保留。

2　作者注：賽特瑞恩在2020年12月底向食品醫藥品處申請了新冠肺炎抗體治療劑的緊急使用許可，審查正在進行。治療劑的臨床二期結果於2021年1月13日公開。

公司會把臨床交給服務公司去做，我們是員工親自去歐洲確認。

在獲得食品醫藥品處的許可之後，你們預計在何時實際市售治療劑？聽說美國食品醫藥局（FDA）的治療劑許可大概花了一個月。

我們正在努力達成政府今年內開發的目標，2021年初治療劑應該就可以在市場上亮相。治療劑的生產已經開始，所以只要食品醫藥品處的許可下來，馬上就可以上市。治療劑出來後，韓國國民應該就可以放下對疫情的不安了，我會全部治好。我期待明天春天韓國人在日常生活就能脫掉口罩，成為「新冠肺炎淨土」。

你說過韓國的治療劑只需要十萬人份，但經過第三次大流行，新的確診者不斷增加，這樣沒關係嗎？

如果只就患者來看，大概一萬五千人份就沒有問題了，不過為了以防萬一，賽特瑞恩在2020年底前是以十萬人份為生產目標，因此國民不需擔心。

賽特瑞恩正在開發治療劑，不過外國藥廠如輝瑞、莫德納的疫苗開發速度也在加快，在平息疫情的角度上，治療劑跟疫苗的角色差在哪裡？

如果發生感染，必須先診斷出病人，接下來則要治療患

者，而最後全國民為了預防就需要疫苗。所以為了消除新冠肺炎，必須先有治療劑，再來需要疫苗，即「治療劑在前，疫苗在後」。在重症的情況下，病毒會繁殖兩週之後消失。如果已經沒有病毒，用抗病毒藥物也沒有用。如果要避免患者臟器受損，就必須透過早期診斷跟治療，防止成為重症患者。

目前世界治療劑跟疫苗開發狀況，以及你的期望是？

　　除了韓國的賽特瑞恩在開發治療劑，還有美國的禮來公司（Eli Lilly）、雷傑納榮製藥（Regeneron Pharmaceuticals），歐洲的葛蘭素史克（Glaxo Smith Kline）、阿斯特捷利康製藥（Astrazeneca）共五個地方在開發。至於疫苗，全世界有一百多個地方在開發，但在2021年中前，至少會有包含美國、歐洲、中國等十處成功。

為了事先確保疫苗跟治療劑的數量，各國競爭激烈。對於韓國而言，即使賽特瑞恩表示會生產，但還是有許多國民擔心疫苗是否充足。

　　最需要的是治療劑，而賽特瑞恩提供的量很充足。疫苗雖然得從國外進口，但全世界的生產量充足，跟治療劑不同，所以不需要擔心（海外主要的十家疫苗開發公司，預計的年產量達四十億人份）。雖然進口時機是問題，但只要有錢就能買到。賽特瑞恩也是只要下決心，就可以生產疫苗，我們已經在跟外

國業者商議了。

文在寅總統在 G20 高峰會議[3] 強調「公平供給」，治療劑就全世
界來看充足嗎？

　　可能不夠。賽特瑞恩治療劑的年產量是一百五十萬到兩百
萬人份。美國兩家業者加起來，年產量也不過四百萬到五百萬
人份。日後各國是否有充足的治療劑以供自保，會成為外交上
非常重要的問題。

美國的治療劑跟疫苗開發並行，韓國為什麼只開發治療劑，不
做疫苗？

　　韓國國內很難做疫苗開發的臨床實驗，也因此 SK 或三星
之類的公司，只代工生產國外開發的疫苗。

▌治療劑不該用來賺錢

市場對賽特瑞恩的治療劑開發有非常大期待，賽特瑞恩認為新
冠肺炎是很大的機會嗎？

　　這將會是提高公司的信賴度跟品牌力量的好機會。

3　作者注：2020 年 11 月 21 日舉辦。

你說新冠肺炎治療劑是「公共財」，所以會訂定適當的價格。

不能用新冠肺炎的治療劑來賺錢。利用災害來賺錢是不正確的。這必須要是公益事業，製藥公司就有這種義務。我已經跟青瓦台談過了，韓國國內會以成本價（包含開發費用）便宜供應，海外則計畫以比競爭者更便宜的價格供應。我也知會外國製藥業者的CEO，要他們別把新冠肺炎治療劑跟疫苗賣太貴，說賽特瑞恩如果開發出治療劑，可能一瞬間就會把他們擊垮，價格差不多就好。我們跟各國做了新冠肺炎治療劑跟疫苗的長期契約，銷售會在進入臨床第三期之前完成。我們沒有接受美國政府的支援，所以很自由。如果接受支援，一定會被牽著鼻子走。還是用自己的資金開發，堂堂正正地賣比較好。

預期售價是多少？

美國的新冠肺炎治療劑開發業者禮來公司跟美國政府簽約，每支會以450萬到500萬韓元不等的價格供應。我們海外供應價格會比這個便宜，國內供應價格則會是十分之一左右，也就是大約40萬到50萬韓元。賽特瑞恩最多可以供應一百五十萬人到兩百萬人。假設每個人是40萬韓元，規模就相當於1.2兆韓元。政府必須購買治療劑來分給國民，所以必須變成公共財，歐洲都是這樣做。如果供應歐洲跟亞洲，可能就沒有餘力分給美國了。

從企業邏輯來看，利潤應該是越多越好不是嗎？

新冠肺炎已經蔓延到非洲了，將來也一直都會是威脅。這不是一時使用的藥品，而是長久的。雖然不確定會用到什麼時候，但應該會成為創造最多收益的商品。

雖然先進國家可以自己憑能力應付，但落後國家就會有問題。

一定要援助才行。必須創立國際基金會，買進來之後分出去。

▌為什麼無償提供治療劑給北韓？

統一部部長[4]李仁榮表示要向北韓支援新冠肺炎治療劑跟疫苗？

我相信企業協助國家政策是理所當然的道理。韓國成為「新冠肺炎淨土」之後，若有助於國家利益，我們會協助對北韓的無償支援。如果支援上有必要，我也可以造訪北韓。

目前朝鮮半島的和平協定陷入僵局，如果賽特瑞恩的治療劑成為突破口，那非常具有歷史意義。現代集團創辦人鄭周永在1998年就帶了一千隻牛訪北，開啟了南北交流的大門，奠定

4　編注：韓國專責朝鮮半島南北關係的部門。

了南北和解的基礎。

應該會跟帶牛訪北一樣有歷史意義。在新冠肺炎時代，治療劑是公共財，也會成為國家安全的重大資產。治療劑日後除了南北關係之外，也會是韓美關係緩解的要角。

這件事如何成為可能？

美國給自己國民的治療劑馬上就會不夠。拜登政府如果要確保更多治療劑，就需要韓國的幫助。美國的最新確診者人數已經接近二十萬，（如果持續這種走勢）美國自己製造的治療劑數量會不夠。即使是製藥公司，要有新抗體治療劑的生產設備，也需花費六年左右，所以短期應對上會有困難。

▌川普瘋了

美國的新冠肺炎確診者人數是世界第一高。[5]

美國的問題在於已經大難臨頭。這一邊說會死兩百四十萬人在放哀悼曲，但另一邊的政治人物卻搞不清楚狀況，還說會擋在十萬人的範圍內。摩根大通、高盛等投資銀行有很強的對沖基金特性，如果發生災難，他們會放哀悼曲然後賣空，通通

---

5 作者注：根據 2021 年 1 月 20 日 WHO 統計，全球新冠肺炎確診數是九千六百零十五萬人，死亡人數則是兩百零五萬人。而其中美國就累積兩千四百十四萬人確診，三十九萬人死亡，占了最多。

扒乾淨之後，再重新放出利多而拉高（股價）。你跟西方人對話，很難用東方人的思考去理解。國家為了減少死亡人數，通常會盡全力維持日常來最小化經濟衝擊，美國卻選擇極端的方式。

川普總統的應對方式有很大爭議。

　　川普瘋了。病毒是微生物，本來就不應該跟微生物開戰。微生物會本能地擴散，所以我們必須先學習避免傷害的要領，之後再來對付它。但川普好像要跟微生物開戰一樣，這要怎麼贏？前幾天我跟美國人說了，美國現在所選的政策，就是把全部人民直接送去感染的路線。八十幾歲的人死亡率是20%，七十幾歲的人死亡率則是15%，只要超過六十歲以上，根本就是給一把槍，要他們玩「俄羅斯輪盤」[6]吧。俄羅斯輪盤的死亡率是15%。

跟德國的梅克爾總理是強烈對比。

　　梅克爾總理做得很好，一開始先說明「會有60%的國民感染，如果只做預防會太慢。我會努力將死亡人數降到最低，請各自做好個人防疫措施」。美國也應該要這樣。但川普卻說這

6　作者注：一種賭命遊戲，會在左輪手槍裡放一顆子彈，然後對準腦袋扣上板機。

沒有流感嚴重，還說要用瘧疾的藥來治療。川普自己有投資製造瘧疾藥的公司。美國國民好像原本就知道川普是這種人，真是美國的悲劇。

疫情之後你是怎麼生活的？

有什麼方法可以能好好應付新冠肺炎流行？

　　解決疫情的方法，就是全球的人都感染產生抗體，或是用治療劑或疫苗來解決，二選一。如果病毒產生變異，毒性又加強的話，傳染力就會下降。相反地，毒性也可能變弱。但這些事不太可能在一年之內發生，這次再怎麼快也要先撐個一到兩年。在各國的疫情都還沒結束的狀態下，我們必須努力減少損失。

▌疫情爆發後，每天只睡兩小時

疫情之後你是怎麼生活的？[7]

　　你可以問問我的員工（看向旁邊的祕書）。我在盆唐的家變成了辦公室。白天顧亞洲，晚上用電話確認北美、南美跟歐洲等全世界的狀況。祕書則是白天晚上輪班。

通話量應該很大。

7　作者注：對話時間點是 2020 年 5 月中旬。

一天平均四百通左右，因為每天要跟七十多個外派人員通話。國內的幹部也會按照集團分別，同時跟好幾個人電話會議。

那你什麼時候睡覺？

一天大概睡兩個小時，幾乎是熬夜了，有時間的話就小睡片刻。一天的總睡眠時間大概是四到五個小時，這種生活從2020年2月開始，一直持續三個月。我只坐在椅子上，身體都腫了。我一個月大概出門兩、三次，不知不覺出門的時候，櫻花已經開了，然後又不知不覺才發現夏天已經到了。

新冠肺炎讓你遇到的最大困難是？[8]

物流危機。飛機沒辦法飛，貨運也沒辦法跑。藥如果沒有適時供應，是會死人的。我還想過情急之下要包機飛。歐洲如果要跑一次貨運，至少要轉四或五個國家。每到一個國家，司機就要隔離十四天。結果沒辦法，就只能按照國境（個別）安排司機，接力式地運用，外派人員則用一對一的方式看著司機。一開始每次經過國境，就會花上十二到二十個小時，那三個月真的亂七八糟，幸好歐盟在7月之後可以不用隔離就繼續移動。

8　作者注：對話時間點是2020年7月底。

PART 07

抓住 150 兆
的中國市場

協議設立中國最大生技合作工廠
與中國政府的共識
十五億人口的世界第三大製藥市場

十五億人口的中國製藥市場，規模是150兆韓元（約3.5兆台幣），排名在美國、歐洲之後，是世界第三——這卻是美國跟歐洲跨國製藥公司無法觸及的禁地。徐廷珍在此下了挑戰書。2020年1月，他跟中國湖北武漢達成協議，將合作設立生技藥品生產工廠。雖然疫情導致開工延遲，徐廷珍卻似乎游刃有餘。據說賽特瑞恩將設立合作工廠，這個計畫甚至連中國政府也親自關切。徐廷珍約定將低價提供生技藥品，讓中國人民也可以享有OECD[1]先進國家水準的抗癌治療。中國甚至陷入徐廷珍的魅力之中，提議頒發名譽共產黨員證給他。

1　編注：經濟合作暨發展組織，由全球三十七個市場經濟國家組成。

▌協議設立中國最大生技合作工廠

開工儀式原本預計在 2020 年上半，卻因為疫情延遲了。協議仍然有效嗎？[2]

　　當然。原本預計 2020 年 4 月會舉行六萬坪規模的合作工廠開工儀式，但因為新冠疫情，沒辦法進入中國。

中方有多積極呢？

　　雖然中國催促快點蓋工廠，但因為疫情無法如意。如果要蓋工廠，我們必須跟外國工程師一起過去做地質勘察，在這個基礎之下開始設計，但現在人在物理上沒辦法進去。雖然中國說他們可以自己做，要我相信他們，但中國沒有這種工程的經驗，一定要我們先跑一趟，事業才能開始，不過外國工程師不打算進去。

你決定在 2025 年前建設十二萬公升等級的生技藥品生產設施，這會成為中國最大生技公司嗎？

　　規模會非常大。這個工廠只會生產賽特瑞恩在中國賣的產品，剩下的設施則會投入中國內需市場供給的代工生產（CMO）事業。

2　作者注：對話時間點為 2020 年 7 月底。

為了設備，會在五年間投資超過6,000億韓元。目前資金籌措如何？

　　我們先設立了1,000億韓元的法人，之後我們跟中國會各自追加投資500億韓元。中國會再另外無償支援100億韓元。剩下的3,000億韓元則會引進外部投資。中國有派遣一位理事，但沒有表決權。

賽特瑞恩這邊是如何投資？

　　是賽特瑞恩跟賽特瑞恩醫療保健共同投資，會各自持有符合貢獻價值的股份。

在中國市場中，販賣方法也很重要。

　　我們會直接賣。這段時間因為中國沒有給許可，所以沒辦法賣。但之後他們對於賽特瑞恩已經在美國、歐洲、日本獲得許可的藥品，會直接給販賣許可，不需要其他程序。

我知道浙江的杭州市曾經是中國工廠的候選地點，最後選擇武漢的理由是什麼？

　　我在2019年見了浙江省省長、黨委書記、杭州市長，聽說地方政府首腦三人聚集的場合是史無前例。杭州是習近平主席的政治根據地，他家人現在似乎也住那裡。聽說他下了指示，要把我當國賓款待，中國的電視節目也蜂擁而來。我雖然

要求 Off the record（不報導），但他們沒能理解。保安跟我說不用擔心，結果當天馬上出現在韓國的電視上。這可以看得出浙江省跟杭州的積極程度，但他們人事費用是韓國的80%，太高了。武漢卻只要60%。浙江省省長一再強調杭州最好，但如果人事費用跟韓國差異不大的話，成本就很難降低，我於是請他理解，並說服了他。

杭州也是大韓民國臨時政府[3]大樓曾經的所在地。

　　就算他們沒提，我也會拜託他們讓我去大樓一趟，我還跟他們介紹臨時政府歷史跟主要人物，也強調當時臨時政府跟中國的想法是一樣的。看來中國政府先前似乎很費心，已經有重慶臨時政府那邊的維護水準。我感謝他們的保存，說我也會把這個部分傳達給韓國國民。中國共產黨的高層好像也是第一次來這棟大樓，說以後會再撥更多預算，好好管理。

武漢因為是新冠肺炎的發源地而出名，那裡是什麼樣的地方？

　　《三國志》裡曹操對上劉備、孫權的聯合軍的赤壁之戰，就是發生在武漢。中國在新冠肺炎之後為了重建，指定武漢為集中投資地區，並由習近平主席（親近的）核心人士過來（擔

3　編注：朝鮮半島在韓日合併後，該流亡政府於1919年在上海法租界成立，後搬遷至中華民國重慶。

任負責人）。他們跟賽特瑞恩的合作事業是最大規模的計畫。

▌與中國政府的共識

聽說你為了進軍中國準備了很久？

　　我本來不打算在中國市場合資，而是要直接進去，但許可太花時間了。我五年前就交了許可文件，（到 2018 年）也沒任何回音。所以決定按照中國的做法，創立合資法人。原本跟香港的南豐集團談好要共同進軍，但最後還是決定在沒有夥伴的情況下（獨資）進行。本來要在 2019 年上半年進去，但商議過程有延遲 4。

中國為什麼關注賽特瑞恩？

　　中國政府跟共產黨希望我們過去。我在北京與中國當局一位高級官員見面時，提出了建議。中國人均所得是 1 萬美元，韓國是 3 萬美元。OECD 會員國很少人死於乳癌。乳癌治療費用在美國是兩年 1.8 億韓元，歐洲則是 1.6 億韓元，韓國是 1 億韓元，但中國人民買不起這麼貴的藥。如果中國要當世界兩大強國之一，最少癌症死亡率得降到 OECD 的水準吧？要 OECD 水準的抗癌治療，但你們的錢買不起。所以我會降藥價，請中

4　作者注：2019 年 2 月上旬中發表了進軍中國將完成收尾。

國把（賽特瑞恩製作的）藥放到他們中央政府的醫療保險裡。
既然中國人民沒辦法用自己的錢負擔昂貴的藥價，那就用醫療
保險處理，減去他們的負擔。如果中國醫療保險也納入我們的
藥，就自然可以賣了，但要讓我們從投資金裡抽成。中國政府
決定出25%以上投資金，並加速處理藥品許可。

中國政府接受了你的提議？

　　他們說，「徐會長的想法跟中國政府一樣」，還看著我說，
他們在共產主義下長大，卻不知道資本主義世界中也有像我一
樣的共產主義者，說要給我名譽共產黨員證。我突然就變成了
中國認證的共產主義者，我心想，我可能對他們太歌功頌德了
（笑）。

所以你接受中國名譽共產黨員證了嗎？

　　（搖搖手）沒有。（我們）政權一改可是會死人的（笑），
幸好沒接受。

目前為止，是否有國外製藥公司將自己的藥，提供給中國醫療
保險納入？

　　我們是第一個。

中國2015年5月發表了啟動製造業的策略，名為「中國製造

2025」，生技也包含在十大策略產業裡。徐會長的提案似乎吻合中國政府的政策方向。之後如果合資按計畫進行，是否有跟習近平主席親自見面的機會？

……（笑）。

▎十五億人口的世界第三大製藥市場

中國的人口有十五億，藥品的市場規模似乎非常大？

　　大概有150兆韓元，是繼美國、歐洲之後世界第三大。其中生技市場規模是10兆韓元，正在快速成長。

賽特瑞恩未來在中國市場有占有率目標嗎？

　　我們生產的藥品之一是乳癌治療劑赫珠瑪。假設中國十五億人，女性占七億人，而適用醫療保險後會有三億人是治療對象──一個中國市場就有歐洲市場規模了。雖然現在中國市場不過是（中東的）敘利亞的水準，但未來很有機會成為更大的市場。

如果賽特瑞恩藥品加入中國醫療保險，那中國國民能免費使用該藥嗎？

　　對。但我們必須配合中國要求的價格，國內售價要有大幅折扣。為此有必要節省成本，將成本降到15%才行。

這樣毛利率會變低，賽特瑞恩應該還是要有（利潤）吧？

把中國看成薄利多銷的市場就可以了，低價擴大銷售。

韓國也有不少人指責藥價太貴。

我曾在2018年給日本厚生省的四十名官員演講。我當時這樣說。世界上藥最貴的地方就以色列、日本、韓國，這是有理由的。大家都想保有民族自尊心。以色列是亞伯拉罕的後代，日本是鯉魚的後代，韓國則是源自於熊吃大蒜之後變成人類[5]。這三個國家雖然藥很貴，卻也認命地活著。熊的後代跟亞伯拉罕的後代想要改變，但如果只有鯉魚的後代不改，這能怎麼辦？我其實是想要用激將法才故意跟日本人這樣說，結果他們都沒什麼反應。我只好說我輸了，以後不會再講鯉魚的事情。

但一年之後，日本那裡就來聯絡我，說日本也將施行生物相似藥優待政策（如果供應生物相似藥，原藥價就會因為競爭而急遽下滑）。藥價會貴，是因為沒有競爭。全世界只有韓國跟日本，在沒有競爭之下賣藥。不管價格多少，都會按照醫師處方出售，所以也產生了製藥公司的回扣問題。只要透過投標讓公司有競爭就可以了，讓醫師不能指定特定藥品，只開處方的成分就好。而我不打算放過這部分。

5　編注：來自朝鮮的「熊女傳說」。

韓國政府為什麼袖手旁觀？

　　我這段時間也對政府試了好幾次，最終都失敗了，每次都
像是在捅蜂窩。如果我講這種話被知道，我會先被製藥業界揍
死（笑）。製藥業界最討厭的就是競爭了。

前面有提到，韓國企業進軍中國會歷經很多困難，賽特瑞恩有
自信不會遇到同樣狀況嗎？

　　中國終究不是個好做生意的國家，但賽特瑞恩有技術跟
產品。只要一邊看對方怎麼做，一邊看著辦就是了。我們進軍
中國的理由就一個，因為市場大。而中國也沒有把這當國家利
益，雙方只能透過折衷跟妥協共存，只能玩「孤注一擲」（all
or nothing）的遊戲。

但似乎一定要有對策才行。

　　這要看狀況（笑）。

業界的三星生物也發表要進軍中國。

　　我們是親自建工廠，三星生物是移交權利，內容完全不同。

美國或歐洲的製藥公司沒有要進軍中國嗎？

　　要。不過西方的原藥進去的話，中國政府會讓很多山寨藥
品在市場流竄。所以幾乎不會賣原藥。

為什麼會發生這種事？

　　外國製藥公司如果向中國醫藥當局提交許可申請，他們的內容就會在中國內傳開，之後許可會一直下不來。有時可能還會先給山寨藥許可，或者真的給原藥許可時，山寨藥同時一窩蜂跑出來。

沒有侵害智慧財產權的問題嗎？

　　比起出口，中國製藥產業目前還是內需為主。現實上沒辦法解決這個問題。

賽特瑞恩也有遇過這種事嗎？

　　我們的藥也有山寨版，但打下去會死人。所以中國也只好放棄，改成合資事業的方向。

美中的貿易問題越來越嚴重，這會造成賽特瑞恩進軍中國的變數嗎？

　　所以我們想低調進行。中國政府不要太高調就好了，但他們總是想（把事情）搞大。他們想宣揚自立生技技術，但我們不能讓美國受到刺激。

美國實際上有說什麼嗎？

　　我們是中國內需事業，不會出口──但是中國似乎老想把

這些話省略。

文在寅總統決定在2019年5月舉辦生技醫療國家願景宣告儀
式，將培養三大次世代的主力產業，包括生技跟非記憶體半導
體、未來型汽車。⁶這也將促進習近平主席訪韓的計畫，所以韓
國政府對此可能非常關注。

　　我們真的很想低調進行（笑）。

6　作者注：2030年前，以製藥、醫療機器事業達到市場占有率6%、500億
　　美元出口、五大出口主力產業為目標進行培養。

PART 08

美國、中國、日本的故事

預告日本出口限制失敗
親美、親中是無解之題
利用民間的人際網路

日本在 2019 年 7 月宣布對韓國的出口限制，這樣高度依賴日本的韓國經濟陷入危機。在事件初期，徐廷珍就很有自信地認為，日本的突發政策將會失敗。他的預言在一年後成真。這是偶然，還是因為他對未來的洞察力？徐廷珍大力呼籲，如果實現國產化、進口多元化，就可以擺脫對日本的依賴，轉禍為福。賽特瑞恩雖然不是日本直接的出口限制對象，卻決定全面替換日本進口的原料與半成品。徐廷珍指出，從常識來看，經濟上必須跟中國打好關係，安全上則必須跟美國打好關係，不用去爭論是親美或親中，因為其實沒有答案。

▍預告日本出口限制失敗

賽特瑞恩雖然沒有直接受到日本的出口限制影響，卻決定全面
替換日本進口的原料與半成品。[1]

　　我們從日本進口的原料零件有三十種。我們討論在這之
中，若將一種原料的貨源多元化，會不會有品質問題。貨源多
元化需要六個月左右，想獲得當地醫療當局的承認則需要一
年，費用是60億韓元。如果三十種貨源全部多元化，那應該
400到500億韓元就夠了，所以我下了決定，也已經確保庫存
有十二個月以上。

日本出口限制可以說是韓日的貿易戰爭，你覺得誰會贏？

　　這遊戲無條件是韓國會贏，政府也說我們無條件會贏，說
就跟日本拚了，不要怕。這次的機會，正好可以糾正對日貿易
逆差的現象，並讓原料產業成為中心。如果不趕快做，我們要
賣中間財給中國，也得全看日本臉色。我們要有原料當靠山，
才能做中間財的事業。我們每一年都對日本創下大規模的貿易
逆差紀錄。日本主張說，這是因為韓國買了很多他們的東西，
所以韓國只要不買就好了。實際上，韓國企業確實可以不買日
本產品，因為已經沒有日本壟斷的技術了，跟美國和歐洲買就

1　作者注：此對話在2019年8月進行。

行了——韓國政府說不出來這些，其實他們大可以說要改變企業的進口結構。日本不會因為我們而有壓力，他們只是利用韓國而已。對日本人而言，我們不買日本產品可能會造成威脅，但日本不賣東西給我們，對我們來說根本不痛不癢。日本太小看韓國的大企業了。雖然這場遊戲最後會贏，但還是該有輕重緩急，民間主導的韓日交流必須持續。既然日本威脅不賣，我們不買就是了。很多學者都說韓國經濟會出問題，那是他們不懂，這其實不會對韓國經濟造成問題，（韓日出口限制戰）已有逆轉現象，我們很快就會大獲全勝。[2]

日本的出口限制瞄準了半導體市場？

　　大家都說半導體會有問題，所以我就問了三星跟SK的會長。我跟三星確認的結果是說，他們會投入1兆韓元進行國產化跟更改貨源。韓國整體經濟會投入5兆到10兆韓元，時間不會花太長。我問他們會不會花到六個月，他們說不會。六個月之後我們就會贏，但贏之前必須爭取時間。貨源多元化之後，原料價格會跌更多，西方業者提議的價格比日本產品再便宜10%，他們想說把日本的貨量都搶過來就能成為第一，所以想趁機搶光。這就是日本那些蠢蛋的計畫，只是一些喊喊口號的

點子，日本太小看韓國了。

▌親美、親中是無解之題

美國跟中國為了全球的經濟霸權，目前衝突相當激烈。

　　東西冷戰結束之後，美國就成了霸權主義國家，而中國正在挑戰。中國如果凝聚十五億的人口，光是數字就很驚人了。目前中國、北韓、俄羅斯是一隊，美國跟日本是一隊，而歐洲正在轉變。歐洲不親美，過去那些蘇聯國家（東歐國家）也在苦惱。雖然待在歐盟可以拿補助，但也會有損失。是要親歐洲，還是要親普丁？這就是他們矛盾的地方。亞洲國家則會面臨選擇，思考要不要站在中國這邊。中國只打算做亞洲的東西。越南跟印度沒有站在中國這邊，其餘的還在考慮。中國已經接收非洲了，南美因為問題很多，所以沒人關注。大家各自為謀。中東一邊站在美國那，一邊則站在俄羅斯那。

我擔心韓國會遭受到波及。

　　韓國對中國經濟依賴過高，2018年貿易順差是75億美元，僅中國就有558億。韓國如果跟中國關係惡化，經濟會出大事。依賴度太高之外，安全上沒有美國也不行，左右為難，我們夾在三明治中間，要發聲並不容易。過去不管總統是誰，會有人擺明說自己選美國還是中國嗎？當然是偷偷寫情書送過去

啊。如果日本要中傷我們，我們就該戰到底。金正恩老是試射飛彈，你很難跟他計較，又不能說他射得好，只能啞巴吃黃連。既然誰當總統都沒差，何必爭論根本沒答案的事情？以國家利益的角度來思考吧，如果對國家有益，保守觀點來看是什麼，激進觀點來看又是什麼？如果我們要活下來，就必須變強。韓國在國安上有極限，再怎麼買武器，也很難贏過中國、日本。但如果是經濟，我們振作就可以贏──這樣說的話，別人會問下次政權輪替你打算怎麼做。所以我才說2020年要退休。

▍利用民間的人際網路

聽說你提前知道了川普跟金正恩的河內會談結果。

　　我美國有一位合作夥伴的媳婦，跟伊凡卡（川普的女兒）是朋友。川普跟金正恩在河內會面時，我就問了那位夥伴的媳婦，她說會跟伊凡卡問問看。聽伊凡卡說，他們這次主要是聆聽──這表示美國不會先發話，可能會先「攤牌」，而不會試圖說服北韓，這樣一來，就要看看金正恩怎麼做了。實際上也是如此吧？最大的問題就是北韓的核武。核心人物是川普、習近平，我們應該要依據他們的想法來制定政策。想得到高級情報，只靠公務員是不夠的，我們不能只靠外交部或國家情報院，應該要創造能收集情報的人類網路。必須以國家利益為中心，再凝聚國家的所有財產。例如我跟伊凡卡很熟、誰跟川普

的女婿很熟，或是誰跟普丁很熟，這全部聚集起來就是人類網
路。決策之前，要以人類網路聚集資訊。國家情報院從華盛頓
那裡聽來情報，大使館的消息來源可能是華盛頓的人，那些人
只會打一些官腔，很容易讓人誤判。習近平不太說話，很難了
解他的想法。但習主席應該會跟親友說說心理話吧。國家應該
要不分你我，全部動員起來才對。是友軍最好，但就算是敵軍
也可以好好利用。不管白貓黑貓，會捉老鼠就是好貓，只要達
到目的就行了。政府的人聽我這麼說，就說「只給我川普跟伊
凡卡的情報也可以」，但我不可能每天去問啊（笑）。

PART 09

懂歷史，
才能成大事

理解文化跟傳統的捷徑
吵要親美、反美的都是笨蛋
東學革命不是動亂
沒清算親日派是最大錯誤
造訪靖國神社的駐日員工

徐廷珍經常聊到歷史。他堅持，要跟全世界做生意，就必須了解各國文化跟傳統；要了解文化跟傳統，就必須了解歷史。有趣的是，了解他國歷史之後，也會對自己國家的歷史產生新觀點。跟徐廷珍聊天時，常會聽到學校沒教的有趣故事。他強調，美國既是拯救我們的國家，也是加害我們的國家，所以只有笨蛋才會二分成親美、反美去爭論。他說美國跟英國曾經支援日本，成了日本殖民三十六年的起點，也成了俄羅斯共產革命跟太平洋戰爭的種子。他也提到，東學革命的歷史意義在法國大革命之上，我們卻只把看作是農民動亂，十分可惜。他也感嘆，如果朝鮮末年大院君跟東學互相妥協[1]，或是解放後臨時政府跟李承晚總統合力建國，那韓國歷史可能就改變了。

---

1 編注：「興宣大院君」李昰應是朝鮮王朝的政治家；東學是朝鮮王朝末期出現的新興宗教

▌理解文化跟傳統的捷徑

你說過，賽特瑞恩娛樂製作《自行車王嚴福童》的原因，是為了「呈現在日本殖民時期，我族不只是傻傻地待著」。你這麼喜歡歷史的原因是什麼？

　　如果要在全世界做生意，就必須了解各國歷史。了解歷史才能了解文化跟傳統，所以學習歷史、文化、傳統是必要的。歐洲的文化發源地是希臘愛琴文明。如果想跟希臘人對話，就必須了解希臘神話。但是希臘神很多，甚至連希臘人自己都不完全清楚。最初的希臘神是天神跟地神，雙方結了婚，但只要生小孩就會被天神吞掉。地神將最後一個兒子偷偷送走，在兒子成年後，天神就把吞下的兄弟全部吐了出來。

　　我如果要去雅典娜的帕德嫩神廟，我會一直說這些故事，這樣希臘人會覺得我尊重他們。羅馬在擴張的同時，將希臘的多利克、愛奧尼亞、科林斯柱式發展成羅馬柱式。而羅馬崩潰之後，法蘭克王國誕生，延續成哈布斯堡王朝。如果在奧地利講德國的事情，他們會很生氣，但如果說哈布斯堡王朝是從奧地利開始的，他們會非常開心。如果你說阿爾卑斯山大部分都在奧地利，那還會多一點加分。相反地，如果去瑞士，則要說阿爾卑斯山的門面在你們這裡，背脊在奧地利。如果去法國，就要說山就像是人，側臉才最美，阿爾卑斯山側面的白朗峰（阿爾卑斯山的最高峰）是最棒的。去義大利就會說他們有上

帝遺留的後花園。光是一個阿爾卑斯山，按照四個國家的喜好
就會有不同說法。如果想要誘惑義大利的醫師，就得好好歌頌
他們一番，但絕對不能談到墨索里尼[2]喔。做生意，歷史跟文
化是很重要的。

你是怎麼研究歷史的？

　　我用歷史書自學，英文版的我也有。我會教員工這些事。
有趣的是，如果了解他國歷史，就會對韓國歷史產生全新的觀
點，學到的韓國歷史也會跟學校的不一樣。我們目前既有的歷
史教育是有問題的。

▍吵要親美、反美的都是笨蛋

我們的歷史教育有什麼問題？

　　對美國的定位。對韓國來說，美國不是只做好事的國家。
它拯救我們，也加害我們，兩種都有。我們在朝鮮末期時，為
什麼會進入日本殖民時期？歐洲跟俄羅斯為了瓜分中國而有衝
突，我們那時被夾在中間。美國跟英國就是日據三十六年的
始作俑者，他們脫不了責任。歐洲在思考如何吃掉中國，後
來日本甲午戰爭贏了中國，結果他們就有自信了。日俄戰爭

2　編注：二戰期間義大利王國的獨裁者。

時，英國給了日本武器，美國則提供資金，日本會贏全是托了
英國跟美國的福。美國羅斯福總統連我們是誰都不知道，就讓
日本隨心所欲，高宗的努力也因此化為泡影[3]。日本用美國給的
錢扶持俄國的地下勢力，之後演變成革命——美國跟英國的資
金引發了俄國的共產革命，甚至引發了日本的太平洋戰爭，這
很愚蠢。美國打贏二戰不是為了要解放韓國，我們是自動解放
的。停戰後美國應該要快點回韓國，但蘇聯卻先進入北韓。蘇
聯 1945 年 4 月加入了太平洋戰爭，不到四個月就占領了北韓當
作戰利品。當時麥克阿瑟在日本，三十八度線是美國的中尉畫
的，至少也找個少將來畫吧，真是一群卑鄙的傢伙（笑）。朝
鮮半島最後的東西冷戰、南北分裂也是美國欠缺思考的後果。
雖然美國在韓戰時流血守護我們，但他們犧牲不是為了我們，
而是為了守護自己的東西。我去美國講這些，還跟他們說，你
們雖然是韓國重要的盟友，卻也給我們留下了痛苦的過去，不
要只知道自己為韓國做過什麼，也要認清你們為了自身利益而
利用過我們。所以只有笨蛋才會吵說要親美還是反美。美國幫
韓國從來都不盲目，全都是為了自家利益才幫的。但歷史書卻
把美國做的壞事都刪掉，只留下了好的。美國想要韓國人親
美，就應該做些韓國喜歡的事。最近有人問我怎麼看美國，我

3　編注：高宗在甲午戰爭之後選擇聯俄制日。日俄戰爭前，朝鮮因為有俄羅
　　斯帝國保護而不受日本侵害。

一律回答，既然川普難以捉摸，那我們也只能難以捉摸。

▌東學革命不是動亂

你似乎對韓國近代史有自己的觀點。

　　韓國近代史中，最有意義的部分就是東學革命，蘊含了跟法國大革命同等的能量。法國大革命是資產階級革命，過程很簡單，就是背水一戰。上面的人如果適可而止，還不會有人說什麼，但就是因為太超過，才有人站出來。法國一直想吃掉英國的殖民地美國，所以給了美國錢跟武器，促使獨立戰爭發生。但他們不知道美國其實沒什麼禮貌，（獨立之後）說聲謝謝就沒了。法國國庫枯竭，路易十六要再增稅，於是引起市民反彈。貴族在聽證會把責任推給國王，市民代表就跑去找國王，但路易十六卻叫軍隊把他們趕走，引發了資產階級革命。砲兵上尉拿破崙覺得戰爭不是這樣打的，最後出來登基為王。

　　跟這些比起來，東學革命單純多了，宗旨是創造「以平民為中心、以國民為中心」的國家。被掠奪的人民決定要創造全新的國家，我們甚至沒有拿破崙這種人物。但韓國人卻把東學革命當作農民之亂來學習，這是利用外國勢力平息東學革命的歷史敗筆。通曉宋明理學的聰明人聚在一起，製造出士大夫，挖角李成桂之後建立了朝鮮。朝鮮末期，他們不只霸占王妃的受寵地位，還無視國王、販賣官職。大院君掌握王權之後準

備治理國家，但東學的影響力逐漸擴大，於是與清朝聯手。改革派站在對立面，拉攏日本引發甲午戰爭。如果大院君跟東學彼此妥協，朝鮮歷史就會改變。韓日合併後到1919年的黑暗時代中，隨著歷史潮流分為武裝抗爭跟啟蒙運動兩大勢力。啟蒙運動勢力有徐載弼等的獨立協會，武裝抗爭則有東學革命勢力。一部分東學勢力收了日本的錢變成了「一進會」，改名為天道教。這種精神在三一運動[4]及上海的臨時政府還在延續。如果解放後臨時政府跟李承晚合力建國，應該就不會有親日派的問題了。

▌沒清算親日派是最大錯誤

解放之後沒有徹底清算親日派，成了歷史上很大的問題。

　　沒辦法問罪親日勢力真的是大錯特錯，因為韓國近代史的許多扭曲都是肇因於此。1945年麥克阿瑟託管南韓，要李承晚建立政權，於是沒能問罪親日派。李承晚幾乎沒參與過獨立運動。1950年韓戰爆發後，由於需要找將軍來指揮，結果不得不讓待過日本軍的人擔任重要職位。因為沒辦法問責親日派，所以政權的正統性被削弱了。我們這個世代沒有人深度思考這段歷史，年輕世代更沒有興趣，導致為了不需要爭吵的問

4　編注：為韓日合併時期的韓國獨立運動，發起日為1919年3月1日。

題而吵。

親日派清算失敗，至今依然是一大爭議。你認為有什麼解法？

　　如果保守派不想被激進派攻擊，就必須承認東學不是動亂，也必須承認不問責親日派是錯的。還要承認上海臨時政府，說當時應該一起建國，光州事件（五一八民主化運動的軍方的流血鎮壓）也不該發生。我在青瓦台警衛室服兵役時，發生了朴正熙遇刺事件，退役後發生光州事件。我對我們的員工說：「大韓民國軍隊不能對市民開槍，以市民為對象來行使自衛權根本沒有道理。市民如果丟石頭，國民的軍隊（不能開槍）就應該直接被石頭砸。」保守派必須承認過去的錯誤並反省，這是保守派為了生存該做的事，但也要小心過度民主主義。但他們就是都不做，所以才每天被攻擊。

　　在美國、歐洲，不管是保守派還是激進派，都討厭獨裁跟過度民主。但在韓國，激進派會說：「你們再這樣下去，會變成獨裁。」保守派則說：「你們再這樣下去，會變成過度民主。」韓國的保守派跟激進派，概念跟其他國家不太相同，跟不上時代，導致國民也分成兩派。兩方應該都要退一步。對我們來說，重要的並不是親美、親中的問題，而是讓所有國家都變得需要我們。當美國、中國、日本、俄羅斯無法無視我們時，南北問題也可以解決。我們自己靜不下來，根本什麼事都做不了。

其他企業家一般都不願意聊歷史、理念之類的敏感問題。

　　其他會長也問說「為什麼這樣想」，我就回答，因為你們只做國內生意，沒有跟我一樣做海外生意。還有其他會長會說「徐會長是左派」，我這時會說「我不是左派，而是執政派」（笑）。大家都說文在寅政府上台之後，我講話才這麼大聲，但其實都是我平常就有的想法。為了韓國的未來，政治必須統合，不應該執著、爭論那些亂七八糟的事情。既得利益者應該要像左派一樣思考，弱勢者則要認可既得利益者，我們應該要創造這種社會，大家才可以活下去，這不過分吧？大家都說現在政府很多赤色分子，我看是沒有啦，只是有民族主義罷了。我這樣說的話，別人會說「所以才說你是左派啊」。我說「哪裡有什麼親北勢力，是在尋找（南北間）不衝突的方法，不要這樣二分」，他們可能會回說「政權如果輪替，徐會長就慘了」。我接著會回他，「我在那之前就會先移民啦」。我在員工朝會的時候也會講歷史，然後問：「Kolmar Korea 會長不太會說話，所以辭職了。[5] 我應該沒說什麼要被檢舉的話吧？」員工就說「沒有」。（我說的）都跟政權無關。

　　跟其他國家相比，我們的優勢就是人口比較少。要讓五千萬人有飯吃，只要一萬人努力就可能做到，所以只要試著聚集

5　編注：會長尹東漢（音譯）因為強迫員工觀看YouTube上一段讚揚日本的影片，在壓力下請辭。

這一萬人就行了——比起自我的慾望,更重視組織、國家的人,只要有一萬個就可以了。一個人抵得上五千人。試著聚集這一萬人吧,我們集團已經湊到五千人了,額外再找五千人就行。我跟他們說這些,員工們都說:「應該沒有什麼好被檢舉的。」

▌造訪靖國神社的駐日員工

賽特瑞恩也跟日本做生意。你們對日本的態度如何?

不懂歷史,就沒辦法跟日本做生意。日俄戰爭、甲午戰爭、太平洋戰爭為什麼爆發,日本跟麥克阿瑟談了什麼,日本為什麼成為美國的搖鈴,這些都要理解正確。這樣你要在日本歌頌人家的豐功偉業,才能講對。如果用我們自己的方法,反而會引起爭端。我也因為這樣,逆向了解了韓國歷史。我叫駐日本人員先去靖國神社,然後叫他們去那邊不要說韓語,不然可能會挨揍。結果員工說:「會長才要小心,我們不會講,我們的英語比會長好。」

你為什麼叫他們去靖國神社?

神社有戰爭紀念館,那個紀念館的正門有大地圖,日本是漆成紅色,但韓國、台灣也是一樣紅色的。他們認為那些都是他們的土地。他們認為,二戰結束後雖然把韓國吐出來,但沒

有把獨島吐出來。離於島也因為暗礁設有韓國的建物，所以無效。[6]

看來去靖國神社的原因，是為了徹底了解日本。日本除了韓國之外，跟俄羅斯和中國也有領土糾紛。

　　日本在1945年8月15日發表了停戰宣言，而非投降。他們主張，9月中旬俄國軍隊占領庫頁島南部跟千島群島是無效的，屬侵略行為。（跟中國有衝突的）尖閣列島[7]也是一樣。日本人說他們軍隊的巡邏機在獨島領空低空飛行，只是出於好奇，沒有其他意思[8]。此外，日本媒體還做分析，認為安倍藉此當成國內政治籌碼，所以韓國不用太不滿。二戰時日本被逼到絕境，軍隊高層在商議投降時，原子彈就被丟下來，他們當時安排的就是終戰宣言。他們說日本的天皇，是因為愛國民，所以才決定結束這場會贏的戰爭。天皇甚至都變成和平使者了。如果直接投降，日皇可能就成了戰犯。日本用這種方式合理化二戰的犯行，說自己雖然有加害者的一面，卻選擇了和平，其實就是在避重就輕。

　　我們無論如何都無法改變日本人，因為他們在學校就是接

6　編注：獨島是韓日有主權爭議的地區；離於島是中韓有主權爭議的地區。

7　編注：即釣魚台。

8　作者注：該事件發生於2018年12月12日，日本防衛省因為海上自衛隊巡邏機受到韓國海軍艦艇射擊雷達瞄準而抗議；韓國海軍稱是在找遇難的北韓漁船，否認瞄準。

受這種教育。全世界最令人無法接受的媒體就在日本，幾乎沒
有批判性的報導，例如，我幾乎沒看過批評安倍的報導，也沒
多少日本人清楚自己國家的歷史。我2019年2月去日本當地，
跟六十到七十名雇用員工講過韓國跟日本的歷史。我說日本跟
韓國明明可以是最親近的國家，卻這麼疏遠，背後都有理由。
因為日本傷害了韓國啊，挨打的人一定會記得，打人的人卻不
會想記得。韓國最大的貿易失衡對象是日本，對日貿易逆差持
續了幾十年，卻什麼都沒說。我叫他們試著理解韓國。日本員
工說歷史是選修，所以沒學過。我們再怎麼發聲，幾乎都沒辦
法傳給日本的國民。

賽特瑞恩在日本有多少員工？

代理級的有兩名，當地雇用的有八十名。其他韓國公司的
駐外人員都五十幾歲，但我們的才三十出頭。想要少數的年輕
韓國外派指揮多數的日本員工，必須要懂一些訣竅，即創造他
們認同且能追隨的新文化，然後有禮貌地尊重這些人，聽取他
們的意見，不能無視他們。不管是哪個民族、哪個國家的人，
都沒人會喜歡待在韓國——即外國的底下。我們必須要讓他們
覺得，我們給予工作機會，也讓他們受尊重。為了學習這些，
我們的年輕員工花了好一段時間。在韓國公司上班的日本人會
學韓語，所以韓國髒話都聽得懂。年輕人沒有這種經驗，只要
去日本出差，就會罵日本人。如果不教，我們的員工就會犯錯。

中國如何？

　　習近平主席的煩惱只有一個，即內部反抗。這其實是如何平息的問題。如果想讓反抗消失，就得讓人民過得好。藥物是很簡單的方法，這很適合在人民面前加分。中國跟賽特瑞恩找到共識後，接下來只要不怕困難，一起找出方法就行了。生意人要討好對方，罵人會得到好感嗎？即使是要歌頌對方，也要理解（歷史跟文化）才有可能。不著邊際的話只會引起反感。我們生意人要找出最大的癢處，一個讓對方欣然同意我說法的支點。

經濟不是意識形態

徐廷珍是憂國憂民的企業家，非常關心國家跟經濟。他最常強調的就是「經濟不分左右派」。他也說經濟不是意識形態，而是實用主義。他希望實現一種即使政權輪替，企業家也能放心創業的政治統合。他還在尋找能夠拯救國家經濟並且克服危機的點子。徐廷珍將政府跟企業的關係比喻成運動比賽的教練跟選手，並提議讓四十大集團接力投資來帶給國民希望。他也主張，富有的企業會長們應該要有左派思想，去照顧弱勢者；弱勢者則不該憎恨富人，反而予以承認。

新冠肺炎帶來前所未有的危機，但徐廷珍信心滿滿地說，只要有智慧地忍耐兩年，做好該做的事，這反而會是轉機。他也提出克服疫情危機跟韓國經濟創新的綜合對策。對於社會爭議較大的租稅、福利、雇傭等問題，他「借鑑OECD平均值」的想法也非常新穎。徐廷珍雖是企業家，卻跟只想賺錢的一般企業家非常不同。

▌經濟是實用主義

企業人士最關心的就是公司，但你平常似乎很常談到國家經濟。

　　我們有些東西要改。經濟不是意識形態，經濟是實用主義，也是一種氛圍。不能總是把經濟變成一種話題。不要再潑人冷水了，被潑冷水的話，本來要花錢的人就不想花錢了。經濟不是為誰所有，而是全體國民的事。如果為了經濟，那最好別說些極端或悲觀的話。我想發起這種運動。如果想要救我們國家的經濟，就必須讓人覺得比起投資外國，在韓國投資才是最棒的。我們要讓跟韓國做生意的人到世界各地去說「韓國比美國、歐洲更棒」。與其去計較政權、左派還是右派，不如去做拯救我們企業的運動，這樣國家才能生存。

你為什麼強調「經濟不是意識形態」？

　　政權替換之後，變化是好事，但政策的延續性不能斷。如果不能做政治上的整合，有錢人都會離開韓國。企業家賺錢最簡單的方法，就是養小豬（小企業），等到變中型豬（中型企業）的時候賣掉，拿到現金。相反地，最辛苦的就是做豬舍（將中小企業培養為大企業）了。必須要有許多蓋豬舍的人，農場才會興旺。最近許多企業家想賣掉公司，這是不尋常的跡象。美國或歐洲幾乎沒有蓋豬舍的企業家，只有韓國企業家在蓋豬舍，這是韓國才有的優點。但你說我們有什麼好守護的？再怎

麼想守住我們的權利，國稅局也會介入，金融監督院也每天來關心，公平交易委員會也是。選舉結束後，連選舉管理委員會也來調查。調查都變成日常了，那我想，我們就默默做自己的事吧，如果真的去監獄，就當作去海外出差個三到四年回來，只要公司不倒就可以了。我這樣說，那些創辦人就問：「那你去了（監獄）嗎？」我回答：「差點就去了。」經濟問題無論如何都必須克服，政治圈也必須要統合。在解決問題上，政府不能落後，旁觀解決不了任何問題。聽到這些話的會長們說我是左派，我跟他們說不要叫我左派，不如說是激進派吧。他們問說，政權輪替的話你會怎麼做，我說就換邊站就好啦（笑）。經濟哪有分什麼左右，經濟是徹底的實用主義。

▌四十大集團的投資接力

你在 2020 年 11 月 18 日，文在寅總統也參加的活動上宣布，會投入 5,000 億韓元建立仁川松島研究中心跟三座工廠。三星生物也打算投資 1.74 兆韓元建四座工廠。韓國生技產業的未來展望是什麼？

　　透過賽特瑞恩跟三星生物的投資，我們會在仁川松島建立生技谷。全世界的製藥產業規模是 1,800 兆韓元，生技也會像半導體、汽車等一樣，在韓國的核心產業中占有一席之地。

2019 年 5 月賽特瑞恩曾宣布，在 2030 年前會投資 40 兆韓元、雇用一萬名員工。

三星電子副會長李在鎔決定，之後十餘年要投資 133 兆韓元來擴充系統半導體的研究、開發、生產設施。[1]將三星跟 SK 的非記憶體半導體合起來，必須投入 200 兆韓元。我問李在鎔為什麼要發表投資計畫，結果他說：「前輩，我沒什麼特別的意圖。」既然三星都宣布了，我也不得不發表一下，什麼都不做的話太丟臉了嘛。金額不能太小，所以我加了一些之後，宣布決定在 2030 年前投資 40 兆韓元。我也問了三星生物，他們說 40 兆是可行的。這樣兩個公司就可以在仁川以生技產業創造十萬個就業機會，這會帶給人民希望。宣布之後，企業必須遵守跟國民的承諾。

我在包含前青瓦台祕書室長盧英敏等許多人士聚集的場合，建議將產業重置。應該要把影響力最大的事物當成政治的課題。要記住不能當個局外人，不管是保守或激進，都應該要挺身而出。會長們本來就不愁吃穿。

會長們雖然不需要擔心，但一般民眾的生活才是問題。特別是收入低的階層才令人擔憂。

1　作者注：三星電子在 2020 年 4 月 24 日於「半導體願景 2030」活動中發表該內容。

　　有天我去松島的一間餐廳（公司所在地），結果老闆說：「多虧有徐會長跟員工，我的生活過得不錯。」我們員工每人會有一張120萬韓元的福利卡，可以讓他們跟家人去吃飯。另外，我們員工有80%住在松島，如果給每人100萬韓元的聚餐費，會花上幾百億。我認為這應該能對松島的一千間餐廳有點業績貢獻。但檢視員工的支出結果，卻發現聚餐費沒人用。組長說要去聚餐，員工都不想去。所以我就在員工朝會上說，你們不是要人請吃飯嗎，所以我給了預算啊，結果你們不去是怎樣？我們雖然過得去，但都是在國家經濟的前提下才有辦法，所以去花花錢吧。我最近去餐廳，老闆都九十度鞠躬，說我們員工很常帶家人去──這就是大企業用錢的時候。現在自營業者處境困難，那就要「自己的社區商圈自己救」。公司不會因為給員工數百億韓元就有虧益。有錢的人什麼都不做，沒錢的人喊著救內需，那國家經濟怎麼有救？

即使企業宣布投資計畫，民眾也是半信半疑。過去有企業在政府的要求下，用投資計畫來做表面工夫。你說賽特瑞恩提高了投資金額，這有可能實現嗎？

　　賽特瑞恩現金資產有2兆，負債不過6,000億韓元。我叫他們不要放著的現金不能超過2兆，而要拿去投資技術。如果不行，就買些東西進來。我們是銀行嗎？又沒有利息，現金放著做什麼。但我們員工還是認為現金要寬裕，而且需要3兆。

但如果仔細看，2兆其實就夠了。賽特瑞恩在十年內可以確保的最大金額是32兆，背（數字）起來太難，所以我就說40兆了。我在2020年退休，所以剩下的8兆，要由留下來的人負責。32兆跟40兆也沒差太多。我自己預期，在2030年前把營業利潤的40%湊一湊，就可以湊到32兆。其中10兆會投資在U-health Care。我們兩年前就在跟芬蘭協商，不久之後就會到簽約階段。我也跟淡馬錫要求投資10兆或30兆到賽特瑞恩控股。賽特瑞恩控股有賽特瑞恩的經營權，如果連U-health Care也投入，對淡馬錫來說會有很多好處。我說因為我賺很多，相信我就對了。他們說等時間一到，要我們記得在六個月前提出，我說OK。我問方向對不對，他們說對，所以我在發表的時候就說是40兆。

　　企業為什麼要賺錢？就是要花啊。不管是給員工、股東還是投資，都得花，積在那邊只是笑話。如果我們要存活，就必須盡快重建產業。政府選了非記憶體半導體、生技、未來汽車等三種。政府沒辦法做經濟，它是促進的角色。經濟是主體（企業）在做的。韓國產業的發展在人類歷史上沒有前例。朴正熙那時是用低薪撐過去的，第二次則是用小聰明，現在則需要深度思考。低薪跟小聰明都有極限。我們需要巨額資金。技術跟知識可以跨越國境。如果我們沒有，就買或是帶回來都可以。大企業的優點就是現金很多，只要下決定就行。企業必須接力投資，點燃火炬。

其他企業會響應投資接力嗎？

　　我也叫現代汽車鄭義宣會長宣布，結果他說已經發表了[2]。
我跟他說再發表一次（笑）。財經界第一名的三星已經發表，
第四十五名的賽特瑞恩也宣布了，那接下來就輪到第二名到
第四十名了。這樣就不用再放送葬曲了。[3]放送葬曲救得了經濟
嗎？但四十大集團接力投資的話，結果會不一樣。

限制過度而造成創業、投資困難，讓許多企業不滿。最近
TADA的共乘服務似乎引發社會爭議[4]。

　　Uber在其他國家發展的很好，理由就一個，因為他們國
家的計程車是公共系統，所以會有補貼，沒有私人計程車。在
韓國，計程車是很大的權利以及個人資產。如果TADA出現，
自己的資產就會有減少或消失的危機，所以當然會反抗。過去
蒸汽火車要換成柴油引擎的時候，鐵路局的員工也是堅決反
對。他們其實是擔心失去工作，卻用安全來當藉口。馬車時代
變成汽車時代時，馬夫也都反對。Uber在韓國是非法的，要

2　作者注：現代汽車集團發表計畫從2019年開始到2023年5年期間投資
　　45.3兆韓元。
3　編注：指民眾放送葬曲示威、抗議等行為。
4　作者注：首爾中央地方法院首席法官朴相求（音譯）於2020年2月19日宣
　　告，曾因違反《遊客汽車運輸事業法》而被起訴的TADA營運公司VCNC
　　的朴在旭（音譯）代表及母企業Socar李在雄代表無罪。檢方主張TADA
　　在沒有許可下非法營業呼叫計程車，而TADA則主張自己提供的是附加司
　　機的租車服務。雙方針鋒相對。

有證照才能作為計程車，如果TADA要這樣做，也必須先獲得政府承認才行。現在就是走捷徑。

　　檢方起訴TADA代表李在雄，跟起訴交通部沒什麼兩樣，就是叫你快點修法，要透過這種程序找到平衡點，大家才能共存。你要發展出典範，而不是只是有動作。你為了賺錢而開始新事業，但如果造成別人的損害，那當然要賠償。

▍青瓦台與企業家的對話

2019年1月在青瓦台舉辦的「與企業家對話」活動上，你跟文在寅總統在一起的樣子成了話題。

　　在青瓦台要跟總統去散步的時候，除了三星副會長李在鎔，沒有其他會長上前。大家都覺得（上前）沒什麼好處。我是因為前青瓦台祕書室長盧英敏拜託，才在Youtube轉播的情況下糊里糊塗地上前了。我沒有事先準備，總統也不是很會聊天，簡直傷透腦筋。現代會長玄貞恩問：「總統，有顧好健康嗎？」總統回「沒顧好」就結束了。我只好說：「我是製藥公司，可以給您藥吃，但吃藥都會有副作用喔。」玄會長說「失眠應該要吃失眠藥」，我補充「失眠藥也有副作用，所以最好的方法就是工作到睏」，總統就笑了。我一不小心就去搞笑了（笑）。青瓦台似乎覺得，只突顯文總統跟李在鎔副會長兩個人會太有壓力。我被推上去，卻什麼都沒準備，只好開開玩笑，

結果被媒體瘋狂報導。

你說過「即使一週五十二小時制[5]，賽特瑞恩研究員還是會打包回家工作，也不會提出檢舉」，是這樣才成為話題嗎？有些媒體認為，你對政府縮短工時的政策不滿。

我是說我們的研究員有韓國人的韌性，所以國家才有競爭力。青瓦台團隊（聽了那句話）也都很高興。我搭巴士從青瓦台出來，但聽說記者都聚在南大門，所以他們就說要去景福宮，但那裡也有三、四百個記者在等，沒有會長想下車。我跟SK會長崔泰源說一起下車吧，他只說等等，現代汽車會長鄭義宣也在觀察，結果就我自己下車了。記者就問我對「研究員不檢舉公司」這件事的看法。雖然我的立場糾結，但青瓦台一開始就能理解（內容），也知道我做過努力。

▋企業家要做到的四件事

你提議四十大集團要接力投資，那你認為現在企業家一定要做的事有哪些？

有四件事情。第一個，有國際競爭力的企業必須做好創

---

5 編注：韓國2018年將每週工作時數上限原本的六十八小時減為五十二小時。

新。第二個，企業家必須改變，給這個不信任的時代畫上休止
符。一開始就沒有所謂的好企業跟好人。你一開始做，道德範
圍之內跟之外的事都會碰到，但只要你會努力不讓自己變得更
壞就可以了。第三個，你必須為了這個國家的未來培養後輩，
最重要的就是培養次世代的產業。第四個，要創造我們共同生
活的和諧社會，這是最難的，沒有正確答案。擁有的人要犧
牲，分給沒有的人。集團會長要有左派思想。而窮人必須認可
富人。畢竟收了幫助，富人也繳了很多稅。雙方不能處於衝突
的狀態。不久之前，紐約曼哈頓有人來，提議將我的一半持股
變現。我跟社長們討論，他們都說要變現，還有人開玩笑說這
陣子賣空勢力很棘手，不如我們也來賣空吧。現在我還在問自
己這件重要的事。結論很簡單。既然沒有正確答案，那就在有
阻礙時一步一步前進，形勢有變就繼續往前。這就是答案。

你用運動比賽的教練跟選手來比喻政府跟企業的關係。首當其
衝的問題，似乎是如何讓企業家有使勁向前的態度。

　　我幾天前去了一位集團會長經營的餐廳。（一起吃飯的人
當中）有人不滿意。我說別這樣（不滿），餐廳員工聽到會失
望。他說不滿還不能說嗎，我就說，如果想說就去別的地方說。
就算呼籲要同心協力（救經濟），（會長們）也不太會響應。
下次不管是保守派上台，還是激進派，就算能力比文在寅總統
強，也不太可能比他善良。這樣的話，不是更應該不問左右，

而是試圖創造總統所言公正的社會、正義的社會嗎？這就是我強調要一起參與的。如果能創造這種局面，那麼不管下一個是誰，都能帶領韓國前往下一個階段不是嗎？只會互相毀滅，最後還讓不夠資格的人坐上那個位子，這樣一來我們國家就沒有未來了。可以確定的是，我們必須改變，不信任感才會消失，信賴才可能恢復。我們的體系也應該更接近國際標準，更進步。而在改變過程中，如何讓陣痛期最小化就是接下來的課題。

▌政府不能教育人民

如果企業人士的態度積極，政府的角色就很重要。

政府不能教育人民，應該是要尋求人民的諒解。不要想凌駕在國民之上，像是在教育愚昧百姓。這個政府找了一些教授背景的人也是錯誤。教授是教育學生的人。如果連教授都要跑來前面，那他們要先自己有經過全世界認可的理論。現在（經濟困難的）狀況都是他們搞出來的不是嗎？經濟政策是他們主導的，免不了要他們負責。他們應該要思考背後原因，不是試圖去教育他人，要開誠布公。（政府）如果要走這條路，應該請他們（企業）幫忙，說他們要求的有些可以馬上協助，但剩下的請先體諒等等——應該這樣去協商。找人如果跟傳喚一樣，大家都會在後面罵。教授出身的人叫企業家過去，我也不會想去啦。青瓦台也有找副會長們過去，但沒有集團會長的指

示，副會長也不會去。

文在寅總統在2019年也接連見了企業人士，你覺得有效果嗎？

　　如果總統跟企業人士見一、兩次面，經濟就會好轉，那誰不會啊？要一直見到好轉才算數。要按照產業。最好可以讓會長發言，除了在總統面前或是開會，也必須在媒體面前發言——畢竟是在跟人民做承諾，他們就只能遵守了。必須這樣做，不然經濟只會繼續惡化。

文在寅政府的「所得帶動經濟成長政策」[6]爭議不小。

　　用「所得」與「創新」帶動經濟成長，就像搬運車的兩顆輪子，也像針跟線，兩者都是我們該走的路。說這樣會讓（經濟）變糟其實沒道理。看看過去的政府，什麼時候不是所得帶動經濟成長的？表達方式不一樣罷了。不就是在一邊帶動，然後在另一邊分配嗎？這樣抓到平衡，解決兩極化，就是公平經濟的基本。不過（政府）太強調所得帶動經濟了，他們應該承認政策有漏洞。扣錯了第一個扣子，就要全部解開再扣上。文在寅政府上台後，沒有哪個集團或領導人成為調查的標靶。其實跟李明博、朴槿惠政府比起來，幾乎是No Touch了，政府已經沒抓什麼，（會長們）還在冷嘲熱諷。什麼也沒做，還老

6　編注：指工資和所得增加時，消費也會增加，於是實現經濟成長。

是被罵，這不是很荒謬嗎？所以我問他們，政府哪裡要改，結果他們也說不出來，因為他們什麼都沒做。我說政府的人反而應該要感謝國民力量[7]，如果在野黨有人可以拿出正確的對策，就能完全翻盤。保守派會害怕激進派就是因為進步的價值，但這種價值卻因為曹國的事件[8]而墮落。在野黨應該說：「我們不打算把曹國拉下來，請他繼續當進步的象徵吧，我們這段時間做錯很多事，應該把他當作反省的機會。」在野黨的核心人物裡面，造孽多的不應該參選，而應該站出來跟新保守派一起成為創新的種子。我跟保守派這樣說，結果被罵到臭頭。我也跟激進派說過，他們說這種事不可能。

我們都是衣食無缺的人，但國家不是。政府要好好發展，在剩下的任期內對國家的未來有助益。第二個，我們應該要防止國內輿論分裂。現在就只是公開互劈而已，應該要有不同的團結言論。第三個，真正嚴重的問題在於明明沒有加害行為，卻被攻擊成好像嚴重迫害，政府應該思考背後原因。經營國家也需要同路人，只有旁觀者要怎麼經營？你應該要研究怎麼讓他們變成同路人。經濟比安全、國防更難，而最難的就是找到參與者。一定要是自願，你才可以指揮。如果做不到，那最後只是一人秀而已。

---

7 編注：韓國最大在野黨，前身為未來統合黨。
8 編注：曹國是韓國前法務部部長，向來高調批評權貴，上任一個月內卻傳出大量醜聞，造成大規模抗議。

重點是，該怎麼引導自發性參與？

　　我在忠清北道舉辦了武術大賽，忠北知事[9]說會請共同委員長去辦。活動要成功，就要有觀眾。你可能會以為只要比賽有趣就好，實則不然。因為首長給我機會，我就在忠州運動場投入了3億韓元，舉辦了歌手演唱會。我請了忠北人喜歡的歌手，結果有一萬八千人來。這種人潮大概是壬辰倭亂[10]之後第一次。我拿著麥克風上台道謝，說我們辦在忠州，國際奧委會的委員也有來，請各位市民幫幫忙、在忠州辦這種活動多好啊、約定明年再辦一次之類的，掌聲如雷貫耳。光是煙火就花了3,000萬韓元。我三天都去了現場，最後圓滿落幕。忠北知事叫我從政，我問為什麼，他說我很有煽動力。我回說沒有的話，要怎麼聚集人群辦活動。所有的人在參與，讓所有人都往進步的方向參與，就叫做經營。大家自說自話是失序。但現在根本是阻礙參與，對人們冷嘲熱諷，完全沒有掌握經營訣竅。讓人參與的方法無他，就是技巧而已。

你覺得在野黨做得好嗎？

　　如果問我覺得現在的政權會不會持久，我會說本來不覺得，但看到國民力量的作為之後，就覺得應該會走得長久。

9　編注：韓國忠清北道的行政首長。
10 編注：中國明朝、朝鮮國與日本之間在16世紀末爆發的兩次戰爭。

這個政權運氣很好，遇到很好的搭檔，有這種搭檔多感恩啊
（笑）。現在政府的任期還很長[11]，如果下次選舉政府沒有換人，
我們還要再等五年嗎？但問題是，企業會在這期間先垮掉。經
濟危機的本質是產業危機，這不是上任一年才發生的，而是過
去政府就一直有的問題。要正確看待經濟危機，不然就會誤
判。倒不如現在就讓企業積極參與進來。

▌ 經濟復甦是 U 型或 W 型，而非 V 型

你曾經在國會演講，主題是新冠肺炎對景氣造成的影響及對策。[12]
　　是在民主黨議員的學習工作坊。

你覺得新冠肺炎何時會結束？
　　開發疫苗跟治療劑是唯一解法。雖然 2021 年上半就可望開
發跟商業化，但完全結束應該很難。實際一點，最快應該也要
到 2021 年下半。病毒發生變異跟變種都是變數。這種情況下，
疫情要結束可能還要花上一年。非洲也傳出疫情，疫苗跟治療
劑是否能夠普及化成為全世界的公共財，這也是另一個變數。

---

11 作者注：談話時間點在 2019 年 5 月。
12 作者注：徐會長 2020 年 6 月 30 日出席了國會議員會館舉辦的民主黨議員
　　學習工作坊。

新冠肺炎越長久，經濟困境也就持續更久。

　　經濟不可能 V 型復甦，比較接近現實的是 U 型或 W 型。新冠肺炎的影響會持續很長一段時間，最壞的狀況（2022 年上半年）甚至會影響大選。韓國雖然相對有利，但我們主要的出口市場美國、中東、南美、亞洲等都在擴散，不確定性會只會更大。考量現實面，我們需要想好各個產業預計受損的國家級對應策略——現在太樂觀了，得重新制定才行。少數菁英的預測容易偏離現實。也有一些行業可以在疫情中有機會，例如非面對面的產業、製藥生技等，但就業規模較小。如果你去看航空、重工業、汽車等行業的預估損失資料，會想說這誰寫的，根本沒真實性。沒人來問過我實際情況。內需消費品的狀況應該不錯，但 2020 年下半可能消費購買力會再度下滑。[13]應該先發制人，以財政擴大、量化寬鬆、未來產業投資作為應急措施，其他國家也都在做。如果想讓損害降到最低，就業維持是絕對的課題，並以全民的共識、和諧為基礎來採取對策。

2020 年 6 月，勞資政三方談話促成了協議，將會推動全民就業保險立法、就業維持的勞資跟政府支援強化，但這卻由於 KTCU[14] 的拒絕而黯淡落幕。

---

13 作者注：2020 年 8 月新冠肺炎再度擴散，證實了徐廷珍會長的預測。
14 編注：南韓最大的工會「民主勞動組合總聯盟」。

　　應該要超越勞資政，跟全體國民協商才對。2020年8月底之後應該就會哭成一片了，現在不是說閒話的時候[15]。政府講得像是過了上半年危機就會解除，真不知道他們怎麼說得出口。在國家就業政策上，製造業的健全是基本，也是最大的核心課題。有強調K-shoring[16]的必要，卻沒有任何對策。應該要重新檢視首都圈的限制規定，除了新設獎金制度，也要重新制定地區均衡發展方案，變得更實際。核心產業穩定基金也要考慮到最糟的狀況，提前做討論。可能需要第四次追加預算。[17]

　　我們應該從勞資衝突轉變為協力合作，要成為全世界都喜歡的「適合創業的國家」。為此，必須提高勞動市場的彈性，限制跟課稅也要符合國際標準。不該每一次政權輪替就變更政策，要有一貫性。應該利用香港的不確定性，視為變成國際金融中心的機會。另外，也可以討論將仁川舞衣島等地認定為金融實名制例外地區的方案。我也提議社會凝聚力運動。新冠疫情是個機會，你要給人家希望，才能分擔這一時的痛苦。讓福利水準進步，來減少經濟、社會機會喪失所帶來的剝奪感和貧富差距。用OECD平均來調整租稅、福利、勞動市場的彈性

---

15 作者注：談話時間點為7月底，而10月之後第三次大流行開始，危機感確實擴大。

16 作者注：Korea跟reshoring的合成語，表示藉由各種稅制優惠跟放寬限制，吸引海外的韓國企業回流。

17 作者注：徐會長在2020年7月提到，而兩個月之後的9月22日，國會通過了7.8兆韓元規模的第四次追加預算修正案。

水準。不要再扯什麼進步或保守，要走實用主義。如果想要解決貧富差距，就必須要有財源。要讓出錢的人愉快，而不是感覺被搶劫。不要再用激進、保守這種詞了，現在正是需要實用主義——有助於國家利益的時候。我們必須實現的變革相當於建立第二個國家，要捨棄那種東補西補的政策。

這等於提出了克服疫情和韓國經濟創新的綜合對策。民主黨議員們的反應如何？

　　說這些講課內容對執政黨議員來說似乎太強烈了，但我也沒說錯（笑）。

你提議用 OECD 平均值來做標準，聽起來滿有吸引力的。對於每個社會與經濟上的爭端，例如租稅、福利、就業市場彈性等，左派與右派、激進派與保守派的看法都有很大差異，協調起來應該很難，但似乎值得一試。

　　我特別想強調用 OECD 平均值來制定稅率的方案。把該調高的調高，該降的降低，再用其他產生的財源來提升福利，這樣就能減少貧富差距。

韓國的所得稅最高稅率高於 OECD 的平均值，卻低於類似規模的 OECD 會員國。[18]

　　OECD 國家中，沒有像韓國這樣的免稅區間，全部的國民

都必須繳稅。韓國不用繳稅的國民太多了。相反地，若納入地方稅跟醫療保險，實際上所得稅的最高稅率是53%。在這個區間的人，即使就全世界的角度來看，也是以非常高的稅率在繳稅。但由於人數不多，所以抗議的力道並不強。

你有沒有提過遺產稅的問題？

提過了。我提議把繼承的遺產各分一半給國家和家人，不然的話，企業會全部跑到中國去。

執政黨議員們怎麼說？

他們說這樣（企業去中國）不行，我就說那就快點改，我也是有移民自由的國民。我說六十五歲以上可以有雙重國籍，他們還很驚訝有這條法律。所有人都同意（遺產稅）是有問題的。

遺產稅最高稅率如果再加上經營權附加稅，就是65%，不能否認從名目上來看真的很高。但是財閥一家的財產形成的過程不透明，所以很多人認為調降稅率是優待——我們要找方法消除財閥優待論。

---

18 作者注：所得稅最高稅率超過10億韓元的區間為45%。政府推測適用最高稅率的富人有十二萬名。

雖然遺產稅率高，但實際的稅收不高。

每年 1 兆韓元還不到整體稅收的 1%。

　　只調高稅率是沒辦法收到遺產稅的。如果現在叫我繳遺產稅，我需要繳整體財產 15 兆中的 10 兆。如果是郭編輯你的話會繳嗎？還是乾脆移民算了？

我沒有（財產）所以沒想過（笑）。

　　說到遺產稅，我就是典型案例。股價下滑時，我也想過是不是贈與賽特瑞恩醫療保健 35.7% 的股份。這樣的話，不只要繳 1.8 兆億的贈與稅，再包含地方稅就是 2.4 兆億。我跟媳婦談到這個，她就說別談稅金了，都只剩給孫女買玩具的錢，勸我不要。現在我不想走這種歪路了，也不適合我。所以希望法律要改。其他集團會長說「我們都弄好了，就剩徐會長」。替代方案就是參考 OECD 平均值。既然知道問題在哪，就不能再東補西補。

▌各位國人也站出來響應吧

你強調必須超越勞資政談話的水準，變成跟全民協商。你認為哪種協議最為急迫？

　　新冠肺炎疫情將會持續兩年，疫苗跟治療劑開發、供給大

概需要這些時間。[19]這期間經濟可能會變很糟。這是我們沒經歷過的經濟危機。但如果有智慧地撐過這兩年，也可能是韓國的轉機。國民必須把飯從碗中掏出來。國民要可以自行協商，才能成為贏家，我們要手牽手一起過河。政府應該要求國民參與，企業跟勞動者就做自己該做的事。雖然激進、保守的意義不明，但有危機的時候就別吵了，不如走實用主義的路線，做有助於國家跟國民的事情。我跟共同民主黨議員鄭清來說，執政黨擔任主角，然後給在野黨當臨時演員，所以才會爭執。所有人在危機之下都是主角。在國民面前要像個真正的政治家。弱小的國家從來無法跟全世界站在同一條起跑線上，但從這個角度來看，這是機會。如果有智慧，我們就能苦盡甘來。

把飯從碗中掏出來的意思是？

　　意思是要「共同響應」。大家在現在會買車嗎？不會，或者可能修一修就繼續開，有人也可能把車給賣了。東西如果不賣，工廠無法運轉，人力也只需要一半。想要維持就業，當產生 100 的缺口時，政府會用財政補 30 到 40，其餘 60 到 70 就得由企業來做。企業家不要跟政府借錢，應該要求有償增資。即使擔心經營權動搖，也要承認政府的股份。另外，維持就業的

---

19 作者注：世界各國加緊腳步開發疫苗跟治療劑，也將緊急使用許可提前，
　　因此疫苗跟治療劑的普及有更快的趨勢。

同時應該減薪。企業如果存活下來，絕不能忘記犧牲的勞工。

文在寅總統說，要將疫情作為契機，為了弱勢群體提前實現全國民就業保險時代。

　　目前最多可以透過就業保險獲得九個月約180萬韓元的失業津貼。不要這樣做，最好是給他們之前薪資的70至75%。為此，公司跟本人都要繳更多的就業保險費。如果失業津貼跟就業時沒有差太多，就算就業彈性提高，勞動者的不安也會減少。應該讓他們在產業工會和個別工會中擇一。工會的權利需要保障，但太過度就需要限制。我認為勞資政的社會性談話沒什麼進展。韓國長期以來勞資糾紛不斷，而現在需要更成熟的勞資關係。雙方需要重大妥協，能同時交換勞工的靈活性和工作保障。我認為應該要綜合起來看，而不能只看單方面。

目前，公司跟本人都要分擔薪資的0.8%，共是1.6%就業保險費。你提議要調高？

　　會長們不知道具體內容，也沒人知道身障人士的就業負擔是多少。用新冠肺炎危機當契機，讓國家動個大手術吧。這種機會是難得一見。我一直這樣說，但沒人有共鳴。疫情會讓貧富差距更大，既然橫豎都是死，那不如嘗試翻身。新冠肺炎可能會導致重大變革。

▍不能炒房地產，但可以炒股票？

為了應對新冠肺炎危機，世界各國都在提高財政支出，韓國也是一樣。有分析指出，超額流動性導致了房價不穩定和所謂的「東學螞蟻」[20]現象。

　　經濟是心理，刺激心理會有副作用，但也有正面作用。政府如果執著於房地產市場，就無法同時遏止投機熱潮，只要有必備的措施就可以了。東京、香港、新加坡的蛋黃區還比我們貴。我們在日本的員工有一百人，一開始辦公室找的是鄰近公園、風景優美的地方，結果卻找不到員工。當地的人資報告說應該要換辦公室，因為交通不便沒人會來。後來找到離東京車站十分鐘的簡陋建築，馬上就招到人了。求職很重要的是上下班的便利性，所以辦公室一定要離地鐵站近，因為自己開車的人沒辦法停車，停車費甚至還比房租貴。我們沒有員工住在東京，都是住在離東京一、兩站的地方。日本人不太說房價為什麼這麼貴。貴的話就去便宜的地方住。新加坡、香港也是一樣。江南那些貴的房子，就給買得起的人去買。有報導介紹企業領導人的家，也出現了我在盆唐的家。雖然是獨棟，但不到40億韓元。首爾江南比這貴的公寓更多。而且房地產不能炒，

---

20 編注：當疫情重挫亞洲股市，南韓散戶螞蟻軍團卻趁機入市，讓股市得以穩定，宛如「東學農民」愛國運動，因此被稱為「東學螞蟻」現象。

難道股票就能炒嗎？才不是。流動性湧向股市也不是答案。經濟不景氣，股價卻會刷新紀錄——這真可笑。不過這是全球現象，我無話可說，不過股價不能領先業績六個月以上，如果到那之上，就會有無辜的受害者。

由於投資人看好治療劑的開發，賽特瑞恩股價最近上升不少。你認為股價有跑在業績之前嗎？

我們的股價也大概領先六個月。假如沒有要賣股票，股價高不一定是好事，可能會有無辜的受害者。美國90%流動性掌握在前10%的人手中。而前1%的人擁有75%的財產。我們也差不多。美國因為投機風潮，讓華爾街有所發展，他們國民都委託資產管理公司做間接投資，韓國國民主要是經營房地產。疫情導致韓國流動性增加了400兆，[21]而因為政府的財政擴大跟銀行的期限延長，在2020年下半年可以達到600兆。最近從飯店開會出來，旁邊的人好像都比我有錢多了。我是開GENESIS，但飯店裡幾乎看不到國產車，幾乎沒有人沒司機。更好笑的是，服務生不跟我打招呼，卻對他們點頭哈腰，看樣子比我常來吧。

---

21 作者注：根據韓國銀行顯示，包含國債、公司債、商業票據等的廣義流動性，以2020年7月底為基準，是5,488兆，跟一年前的5,060兆比起來多了428兆。

PART 11

動搖的政府

大韓民國是什麼野雞共和國嗎？
過度民主跟獨裁一樣糟糕

賽特瑞恩在目前政府上台後，受到公平委員會調查四次、國稅局調查五次、檢方調查兩次。對於賽特瑞恩三個總公司的假帳嫌疑，金融監督院目前也進行第三年的調查。徐廷珍氣憤地表示，有錯就要受罰，沒有就該結束調查，現在卻只是一直拖延。他指出國家機關的領導能力低落，內控不佳，政府缺少指揮中樞。他擔憂，過度民主會跟獨裁一樣糟糕。

▌大韓民國是什麼野雞共和國嗎？

賽特瑞恩受到許多政府機關的調查。

　　你可以想成，2018年除了選舉管理委員會之外，全部都找上門來就行了。選管會那邊是因為選舉時我人在國外，所以沒有接受調查（笑）。現在除了（把調查）當作日常，也沒其他出路了。文在寅政權上台後，我在三年期間受到公平委員會調查四次、國稅局調查五次、檢方搜查兩次。金融監督院正在調查三家旗下公司十年份的資料，從政權上台直到現在都是，調查的人員還多過我們接受調查的員工，真的是瘋了。仔細一看發現是誤會，就應該趕快脫手，但現在還死抓著不放，硬要找出東西。沒人會對（調查）錯誤負責，一副錯了就算了的樣子。我們負責處理調查的一個幹部，可能是壓力累積，現在在跟癌症對抗，我這老闆該要多氣啊？但我還是忍了。

　　雖然賽特瑞恩公司在韓國，但韓國並不是我們的市場。我們公司沒有從韓國得到投資，傷痕卻都在韓國造成的。在海外做生意很講求信譽，而製藥公司最重要的就是誠信。說我做假帳，不就代表我是沒有誠信的企業嗎？如果發布這種質疑誠信的內容，我們就必須跟各國的醫療當局解釋，只有競爭企業會覺得開心。現在企業家也沒辦法做些會被誤會的行為，政府調查與蒐證的方法應該改一改。要以國家利益為中心來思考一切。

政府機關的調查應該有理由吧？

　　我拿公平委員會當例子好了。他們來調查，問為什麼，卻不說理由。他們說不是受上面指示來的，似乎是收到檢舉跟投書才來的，以前還會給個辯解的機會。我們旗下有化妝品公司，下面都有代理商。最近代理商如果生意不好，就會跟公平委員會申訴，說我們耍大牌。現任政府上台後被調查了四次，沒有一次有結果。如果投訴的內容不是事實，投稿的人就是誣告罪。那應該要告訴我名字，卻都沒說。由於反覆發生，所以合約到期的代理商如果同意，就一律結束代理。每次接受調查時都要找法律事務所，一次就好幾億，誰來承擔這個損失？這不只是韓國企業碰到的事情。調查要有原因，難道就不該有實際效益嗎？企業要改變沒錯，但審查機關的方法也要革新。

其他企業怎麼說？

　　完全反政府，我甚至還得請他們自制一點，連全羅道的企業也這樣。政府沒有指揮塔台。調查發現檢舉有錯就應該承認，但完全沒有。如果是調查人員的問題，那局長就應該介入。他們都不做自己該做的事。有啟動的按鈕，結果沒有停止的按鈕？一點長官的領導力都沒有。（做了調查）不是應該要快點下結論嗎？他們開口說話時，只會強調要「公平經濟」，也不說調查結束了沒。國家機關的組織被弱化，組織的定位線非常模糊。

企業可能會很不滿，但說國家機關組織崩壞，會不會太過了？

　　以法庭為例。法院院長的作用，應該是讓法官後輩們做出正確的審判，但聽說，院長真的無事可做。不能好好打招呼，也不能發表意見。如果去找院長聊聊，就會知道他們為什麼想離開（法院）了。說自己像是住在後屋的老人。法院組織崩壞了，這樣總統有辦法控制檢方嗎？檢方的領導機關也無法控制一般檢察官，檢察總長只是組織的擋箭牌。雖然可以下指令，卻不能控制搜查——這種現象持續下去就會成為混亂。崩壞的組織很危險，理應得到國家服務的國民會生活不便，於是開始反政府。政府如果沒辦法控制檢方，就是所謂的跛腳鴨現象（lame duck）。否認也沒用，如果審查機關擺脫了政府控制，那他們就無所畏懼了。我跟其他企業家說，「該不會是總統或青瓦台下令的吧」，就會被挖苦說「又不是共產黨，你都這樣了還不清醒啊」。這還叫國家嗎？文在寅總統感覺很善良，所以我一直在忍耐，但忍耐不能解決，崩壞的組織必須重建才行。

▋過度民主跟獨裁一樣糟糕

你覺得國家機關組織崩壞的原因是什麼？

　　過度民主是很大的問題，跟獨裁一樣糟糕。報社記者可以自由撰寫報導，編輯負責人想法不一樣的話可以踩煞車。不這樣運作，組織就沒有意義。（國家機關的）自我審視體制崩壞。

廣場的力量要很自制，沒有國家是靠廣場民主主義[1]成功的。所謂的廣場民主主義很容易（去街頭），卻很難讓他們坐在自己的位置。不知從何時開始，我們國家變成揭密共和國了，雖然有正面作用，但負面作用也越來越多。這是成熟之路的必經階段，但不能拖太久。現在應該思考如何統一社會觀點，創造以國家利益為核心的實用主義政治文化。法國馬克宏總統這麼說：「這樣下去，法國將會滅亡。該要加重稅金，政府給的要減少。我不再執政也無妨，錯的就是錯的。如果不能再執政，掌權的可能會是共產主義或極端納粹主義。不是算不出來，就無條件說好。」在法國，示威隊伍會被軍隊攔下，裝甲車還一字排開。如果見到國務總理和部長，就會知道他們對示威沒興趣，據說是因為只要關心了，就會沒完沒了。

　　他們的立場是，就算是有人示威也不能放棄政治。韓國也應該觀察，看自己比OECD會員國好的有哪些、不好的有哪些、環境上的不足又有哪些，再重新布局。我們是國防跟安全絕對弱勢的國家，如果要克服，就應該以經濟為中心打造一個富裕國家。社會輿論的分裂是國家最糟的事。社會輿論應該統一，但問題是找不到突破口。所以一想到韓國的未來，我最擔憂的就是過度民主。我們必須團結一致、建立秩序，不然就會變成野雞共和國，到處都是不必要的閒話。

1　編注：象徵透過集會等活動表達民意。

許多公務員在朴槿惠時期聽從了上級無理的指示，最後卻燒成了大火。據說當事人的心理創傷很大。

　　長官、副長官、市長、局長都是為了提高組織效率才存在的人，如果對部下連一句話都不能說，那是很嚴重的問題。這對政府的影響很大。朴槿惠政府就這樣在虎背上誕生了，一旦上去就下不來。一個在街頭誕生的政權，當然會被街頭牽著走。我看過許多總統，文在寅是歷代最乾淨善良的，但本人話不多，所以不好溝通。其實跟所作所為比起來，他被罵過頭了。也有很多人認為人事才是問題。

據說因為嚴苛的人事標準，所以找人很難。

　　哪有不做壞事的人？只差在有沒有被抓到而已。不要去計較是好壞，應該要客觀來看誰可以對國家和國民做出貢獻。

PART 12

財經界與
三星的故事

熟識的創辦人朋友，以及朴炳燁副會長
不想聽到「三星生物」的股東
叫我「前輩」的李在鎔副會長

徐廷珍在財經界交友廣泛，跟他最親近的是同樣白手起家的創辦人們。代表性的有未來資產會長朴賢珠（音譯）、夏林會長金弘國（音譯）、HOBAN 建設會長金相烈（音譯）等。他跟 Pantech C&I 副會長朴炳燁也是莫逆之交。他與第一間公司三星的淵源頗深。三星電子副會長李在鎔叫他前輩。徐廷珍說，三星應該改頭換面來重新贏得國民的信賴。

▌熟識的創辦人，以及朴炳燁副會長

你在財經界比較親近的人有哪些？

　　同樣是創辦人的人。我跟未來資產會長朴賢珠、夏林會長
金弘國、HOBAN建設會長金相烈、Naver全球投資負責人李
海珍、NXC代表金正宙等很熟。我是裡面年紀最大的。

不是「金湯匙」出身是這些人的共通點。你們見面主要會聊什
麼？

　　都在吹捧自己。我是賣藥的，金相烈是賣房子的，金弘
國會長是賣雞，朴會長則是放高利貸的——我在媒體訪談的時
候這樣講，結果被罵成臭頭。聽說HOBAN金會長因為我的訪
談，結果接到很多電話問他有沒有賣房子。夏林金會長打電
話給我，說他除了賣雞也賣牛。不過說放高利貸的就比較難收
拾。未來資產朴會長剛好在國外，我就請人轉達歉意。朴會長
說，我都已經說自己是賣藥的，說他是放高利貸的他又能怎
樣。所以我跟他約定，以後一定會說他是投資銀行的代表。

有傳聞說，你跟Pantech C&I副會長朴炳燁很熟。

　　他人很好，也是我少數幾個沒有隔閡、相處愉快的朋友。
我孫子不久前出生，我傳了照片炫耀，他就寄了一張肖像畫過
來，是夫人畫興趣的，簡直一模一樣。為了感謝他，我說之後

要請他吃飯。[1]（徐會長現場打給朴副會長，但沒有接）他對自己喜歡的人非常慷慨，但不跟討厭的人來往，跟親近的人講話不用敬語。他本來叫我哥的，有次突然說「你啊」。我說「以後乾脆別再叫我哥了」，他說「不可以啦，哥就是哥」，然後說「能跟哥這樣說話的人只有我吧」（笑）。

▌不想聽到「三星生物」的股東

三星是你第一份職場工作，但賽特瑞恩跟三星生物是競爭關係。

　　我在三星工作四年後暫時在生產性中心工作一陣子，然後轉到大宇。股東非常討厭我談三星生物（笑）。生技市場很大，不可能自己吃。這個大餅分量很夠，可以一起合作前進。韓國同時有賽特瑞恩跟三星生物是很棒的事。如果我這樣說，股東會不高興（笑）。三星生物的金泰翰（音譯）社長比我早兩年進三星，我都叫他前輩，他都叫我會長。他如果想頂得住，我會跟他說「不是人人都可以當會長的喔」（笑）。

據說是因為內部檢舉，三星生物湮滅假帳證據事件才浮上台面。

　　隨著社會變得透明，對企業盲目忠誠的時代正在過去。企業的員工很敏感。你叫他做，他不會無條件照做，會不知道自

1　作者注：對話時間點為 2019 年 5 月。

己是否該做。我也從員工那裡聽到「會長想法錯了」之類的話。
我如果說你怎樣才要做，他們會回答「那是會長的想法，我只
能做到這樣」。所以我必須跟員工妥協。以前只要下指示，他
們會直接做，最近如果叫他們誠實一點，他們會坦承「無法認
同」。內部檢舉也很多啊。做法不太可能再像過去一樣。

三星生物事件對製藥業界帶來的影響？

　　三星生物登上國際媒體的瞬間，韓國製藥業的誠信就受到
了損害。如今也發生了KOLON的Invossa事件[2]，各國的醫藥當
局都對韓國企業望而卻步。我們公司每年受檢查的強度也提高
了。之前不太會追究的案件，現在開始會追根究柢。製藥業界
又不是全部都騙子啊（笑）。

▊ 叫我「前輩」的李在鎔副會長

你跟李在鎔副會長熟嗎？

　　他跟我很熟。他總是叫我前輩。但大家成長的背景相當不
同，所以有一些隔閡，但我年紀較長，就也沒想那麼多了。

2　作者注：Invossa是KOLON LIFE SCIENCE INC.開發的世界上第一個骨
　　關節炎細胞遺傳因子治療劑，雖在2017年於韓國國內獲得市售的許可，
　　但產品的主成分被判定是腎臟細胞，而非軟骨細胞，遂在2019年中斷販售。

李健熙會長在 2014 年突然暈倒後，李在鎔副會長就成為實質
上的指揮者了。[3]

　　我之前有跟李在鎔副會長說過，如果我繼續留在三星，應
該會被炒掉。企業也有年齡。創業五到六年的公司就像是幼稚
園小孩，沒什麼系統。最常闖禍的不就是幼稚園的小孩嗎？跟
人差不多，也有國中生、高中生，壯年、老年人。最繁茂的就
是三十到四十年的公司。進入老年不會馬上死去，但年紀大的
公司會安於現狀、不願變化。不願變化的比同意變化的人多。
外國企業的壽命比韓國短，因為常常有併購。韓國併購不容
易，因為有「所有人」。美國、歐洲的方式並不一定好，但韓
國也不一定好。三星從半導體得到如此巨額的利潤，現在他必
須找到新的未來成長產業。

四年前開始的李在鎔副會長相關賄賂事件，審判仍在進行中，
三星物產、第一紡織的不公平合併和三星生物假帳事件再次被
起訴。

　　我一開始就跟副會長說不要等（賄賂事件的）最高法院判
決了。[4]我說雖然很多煩惱，但什麼都不會改變。三星必須在
這種前提下經營。但三星生物假帳應該有爭議的空間，雖然金
融監督院跟檢方說是假帳，法院不會這麼輕易就放過。

3　作者注：對話在李健熙會長於 2020 年 10 月 25 日過世前。

原因是什麼呢？

國際會計準則與金融監督院的說法可能不同，但在企業估值上，三星生物可能比較不利。企業估值是用變數去計算的，但變數是三星給的，而會計法人只會直接計算。也就是說，那些變數可能是（三星的）痛點。

李副會長主張他沒有下任何有關不公平併購或假帳的指示，或聽取任何報告。

企業即使不正常的錢只有一塊錢，也不可能在會長不知道的情況下執行，要不然就無法掌管公司了。如果是正常的錢，就算是數十兆，也可以不向會長報告。

三星事件的源頭似乎在於經營權的繼承。

與李副會長的去留無關，三星要做的決定就一個。要用李副會長擁有的小股份來支配三星是不可能的。三星應該要回到「股東的公司」，選擇名譽職會較好。其實有經營權也沒什麼事可以做。過去章魚爪式的經營、交叉持股、自我交易斷掉後，就沒什麼可行使的權力了，也行使不了。李副會長要像過去李

4　作者注：對話在2019年2至3月間。2019年8月最高法院在李在鎔副會長的上訴審判中，認定三星的賄賂額是86億韓元，將二審宣告判處兩年六個月徒刑、緩刑四年的判決翻盤，需在首爾高等法院重新受審。2021年1月18日的重審中，李副會長維持兩年六個月的徒刑，在法庭上被拘留。

健熙會長一樣帶領三星是不符合時代的，三星必須改變經營，
也必須找回國民對三星的信賴。三星應該要發揮過去的優勢，
彌補缺點。

三星的企業支配結構、經營方式有替代方案嗎？

　　可以仿效泰國最大的企業卜蜂集團。它是做雞肉的生意，
可以說是泰國的三星集團。會長是任期制，雖然會拿股息，但
不會互相勾結，會長也沒什麼可以多拿的。卜蜂集團的經營方
式很符合我們第三代的體制。李副會長可能會煩惱繼承問題，
我也會煩惱──但我會煩惱如何正面解決。遺產稅會有問題，
那就應該有人站出來呼籲他們「回到原位吧」。但企業或企業
家不能搞通融、做不法行為。這樣國民才會信任我們，彼此也
才能妥協。三星能否確立新的定位，是韓國經濟非常重要的事。

企業的主體是「人」

徐廷珍在「韓國人」的特質裡發現了賽特瑞恩的成功祕訣。他相信韓國人特有的潛力，無人指使就自發工作，把不可能變成可能。如果沒有「對人的信任」，賽特瑞恩不可能沒有員工出勤表，不可能沒有規定上下班時間，更不可能創造出以組長為中心的自發性的組織文化。賽特瑞恩是一家「三無公司」，包含會長在內，沒有人可以干涉採購業務，也沒有人可以插手招募員工，而且薪資水準向最高的三星電子看齊，所以沒有人對薪資條件不滿。

徐廷珍之所以能「顛倒經營」，將自己在領薪時期厭惡的事情翻轉，也是基於對員工的完全信賴。徐廷珍常說，賽特瑞恩的成功「是多虧了員工」。他強調，企業最重要的資產就是「人」。2018 年底，鬧得沸沸揚揚的大韓航空耍大牌事件，其實也是顧慮到同行員工才發生的偶然事件。徐廷珍相信，如果創造員工喜歡的公司，就會自然成為好公司。也因此，他成立員工親屬都可以免費用餐的員工餐廳，以及兩個小孩內免費的幼兒園等設施。

▌成功的祕訣在於「韓國人」

賽特瑞恩成功的祕訣是什麼？

　　就是韓國人。人家都說韓國是吵鬧、勞資問題複雜、地理政治風險高的國家，但還是活得好好的不是嗎？我們太不懂自己的長處。我們是可以將不可能變成可能的國家。我們能做好本來的事，再把不可能變為可能，祕訣就在於工作的拚勁。有一次美國華盛頓因為颱風停電，如果當時不能準時交資料給美國FDA，許可就會延遲六個月。我們員工租了緊急發電機來供電，問題是其他人因為颱風都在休息。我就跟美國（當地就業）員工保證，這段時間工作會給獎金，所以當時才交得出資料。這在當地成了有名的軼聞。FDA說賽特瑞恩很特別，在華盛頓會用緊急發電工作的大概只有賽特瑞恩了。這種事情叫得動嗎？都是自發的。

你一年到海外出差兩百天以上，跑遍全世界，外國企業跟國內企業的優缺點事什麼。

　　向世界各國醫藥當局提出許可申請書，他們會給質疑報告。他們以為我們會在兩個月之後才回覆，但我們只花了一個星期。他們一開始可能會覺得很奇怪，但我們總是這樣，後來就變成了我們公司的信譽了。美國製藥公司為了回答問題，會先諮詢顧問，然後跟律師討論。這當然很花時間。但那其實

並不是為了做出完美的回覆資料，只是不想負責任而已。我們員工是馬上開始寫回覆文件，之後再聽取意見，他們認為責任是自己的——這不是韓國人都有的基本思想嗎？我們國家的優點比我們想的要多。我們能成功，其實就是因為這是韓國的事業，沒有一個民族有韓國人的韌性。

反過來說，因為是韓國人，有沒有比較辛苦的地方？

　　韓國人很難朝著同一個方向前進。讓大家往同一方向前進只有一個，就是我本人也要勞心勞力。但如果不到這個程度，怎麼活得下去？我在跟我們員工談話時，一次會召集三百到四百人，每次講兩個小時，一天大概會做個四、五次。這就是在尋求員工們的同意，讓他們往同個方向走。這樣他們會知道會長也很辛苦。等到傍晚，他們會說「前面都聽過了，請簡短一點」。對話越深入，（內容）就越升級。雖然從早上開始講，但好像晚上才真的講得清楚（笑）。我們國家的人很有韌性，如果往同一個方向前進，不管什麼都做得到。

▌沒有出勤表的公司

2019 年 1 月在青瓦台舉辦的文在寅總統跟企業家的對話時，你說雖然實行一週五十二小時制，但賽特瑞恩員工工作很多的話，就會帶回家。這在當時成為話題。

韓國人的特性就是做事的韌性。如果覺得有必要，不需要別人指使，他們就會自己去做。我們公司裡指使的人不多。撇開最多一週五十二小時，每一週工作四十小時也不容易。如果每週四十小時，連續幾週專心工作可能會過勞死。有人說一週五十二小時制就沒辦法經營，這其實說不過去。我也拿過別人薪水啊？一整天很難做滿八小時，人會累啊。美國跟歐洲是八小時集中工作，上班時間沒人看手機，上班如果不關心絕不寬容。但他們不喜歡工作到很晚。我們的最大錯誤，就是早上班、晚下班，還有週末上班。我們以為這是好的，其實只是先入為主的錯誤觀念。

你指出，重要的是糾正工作方面的惡習。有些集團的領導人在正常上班時間前到公司，幹部也凌晨就來上班，他們聽到這種話的心情如何？

都在白費力氣，這是最糟糕的惡習。引入一週五十二小時制的真正用意，就是修改這種工作慣例。應該在短時間內高效工作。我在大宇的時候用過很多碩士、博士，但是設計都是代理們在做，碩士、博士反而都在開會。我們應該要改掉習慣，這樣的話，一週五十二小時制對企業來說就不會是負擔。放任這些問題不管，就評斷一週五十二小時制是對是錯，這不是很可笑嗎？

你們的對象是世界各國，你如何安排員工的上下班時間？

　　配合外國當地的上下班時間。負責俄羅斯的員工就配合俄羅斯，負責美國的員工就配合美國。跟組長說，要做俄羅斯所以下午才會到，這樣就可以了。我們公司從創業以來都沒有出勤表，原則上每一週集中工作四十小時。其實在一週五十二小時實施前，我就說「不要無謂地工作」，但勞動部說沒有出勤表就是違法，而且是重罪，所以只好弄了出勤表，害我們員工變得不太舒服（笑）。我們公司的字典裡甚至連遲到、早退、缺勤都沒有。所有的權限都在組長那裡。我叫他們沒事不要讓員工來上班，如果早點結束，下午就可以走了。每週工作不用超過四十個小時。

　　很多人都覺得每天上班，工作就是坐著，但我們要求正確「工作」，在五十二小時制之前就是如此。有工作的話，員工會自己看著辦，即使熬夜也會做。因為我們跟全世界做生意，如果他們的醫藥當局詢問，就必須趕快處理——但不用指使任何人，他們都自動自發，因為大家都對我們公司很驕傲。

▋徐廷珍式的「顛倒經營」

聽說賽特瑞恩有很多其他企業沒有的東西。

　　我把過去領薪水時，討厭的事情都反過來做。企業都喜歡做錯誤的人事評價，一定要有「很差」的考績。在我們這裡，

有60%的人是「普通」、25%的人「做得好」、15%的人「非常好」。根本沒有「很差」，沒有其他的評價系統，都是組長寫在白紙上——不過要對員工公開。其他公司一定會打「很差」的考績，最後也是列為人事機密不公開，所以根本不會有員工說「我會認真工作」，因為沒有半點好處，只是傷感情而已。其他公司在代理、科長的升遷考核中，竟然還要規定淘汰的百分比，但被淘汰者並沒有要離開公司，這些都是在製造問題。我們的代理、科長只要年資足夠就會升職。如果不讓他升，一定要有特別的理由，內容要公開。次長、部長則是85%晉升，15%會淘汰。

組織營運似乎是徹底以組長為中心。

　　我叫人資別做一般工作，而是去物色優秀人才，好好安排，然後讓他們升職。人資的事就由組長負責，年薪以三星電子為標準，叫他們找出困難在哪。我們人資最大的不滿，就是他們沒什麼特別的事要做。如果人資有資深的人進來，他們會去弄個系統，但如果被我發現，我會叫他們全部弄掉。

感覺很新穎，但太過理想化，不會導致組織運作的困難嗎？

　　一到年底，員工必須評價自己的領導人（組長）。如果有三分之二的成員不認同，那就會解除負責人的職務。從評價結果來看，員工們的意見幾乎都是對的。我們給領導人很大權

限，同時也給了相應的待遇，但你要明確知道他是不是合適的
指揮者。另一方面，也需要有給員工牽制領導人的制度。我想
的是可以發揮我們優勢的方法，不是歐洲的，也不是美國的。
人事的核心，在於把大家認可的人放到適當位子，給所有員工
「自己也能當CEO」的希望。

聽說賽特瑞恩有連會長也不能做的事。

　　我們公司有所有人都必須遵守的事情。第一個，採購相
關的事我不做，我不能做。所有的採購都有負責人，每兩年會
考核一次。我們的採購人員對會長的委託只回應過一次，就是
梧倉工廠的百葉窗工程一案，我那個國小女同學實在太纏人，
我只好接受，那是唯一一次。第二個，朝聘員工時，社長不能
介入。我們沒有所謂的走後門，所有的錄用都是組長跟幹部處
理。第三個是薪資，原則是要韓國最高，以三星電子為為標準。
如果知道三星電子的調薪幅度，人資會去確認，我會要他們確
認給我們員工的對不對。薪資不只是數字，也是員工的驕傲。
企業給予最好的待遇，你就賺你該賺的，所以我們沒有任何這
方面的不滿。員工只會說「如果三星今年不調薪怎麼辦？」。
他們還常在Blind上說「我們是不是拿太多啦，不會被減薪
吧」。我們也沒有獨立的監督跟企畫單位，我就等於是企畫室
的角色。

你從什麼時候開始實行這些制度？

從賽特瑞恩創業開始。

被叫做「工會主席」的會長

你說賽特瑞恩沒有薪資不滿，那麼勞資關係如何？

公司如果想發展，就不能有勞資糾紛。為此，領導人必須做好覺悟。在得到員工信任之前，領導人都要一直貼近員工。不然是不可能消除矛盾的。你都給最好的待遇了，他們還會要更多嗎？我們員工很自動自發。賽特瑞恩是很難進的公司，有最高待遇的保障，這是世界認證的。公司裡也沒有什麼皇室貴族，這樣大概沒有一個員工會不想做吧。韓國錯就錯在，習慣用鬥爭來拿到薪水。一到協商薪資的時節就要吵。我在大宇的時候，常常為了勞資問題煩惱。工會代表會去找公司幹部，工會主席會去找公司社長。我當時跟工會幹部說「不能這樣」，結果他說「我也知道，但我不能再回去第一線做了，你自己做做看吧」。因此連同大宇汽車社長在內的所有管理階層，都去生產線體驗了一整天。我真的做不下去，社長也說很辛苦。工會幹部最怕的，就是回去當普通的工會成員。他們不想再回去那種環境——在公司沒有辦公室，也沒有自己的書桌，也不用去發名片。

你也跟金宇中會長講過這些事嗎？

　　講了，結果被罵得很慘，說我這傢伙瘋了。叫我去管理勞資，結果去站在工會那邊。韓國為什麼有勞資衝突，理由就一個。因為互相不信任。這個不信任是誰造成的？就是力量大的人。現在力量弱小的人組成工會，才因此擁有類似的力量。我們集團幾乎沒有工會，因為會長本身就像是工會主席——我的子弟兵都這樣叫我。

是公司阻止工會成立嗎？

　　不是。他們有幾次試圖組工會，但沒有員工響應。有一間旗下公司有五百個員工，只有十三個人加入工會，最後不了了之。有一次 Blind 上面有人找招募工會成員，結果就被員工攻擊「在會長看到前趕快刪掉」。員工不團結，公司不會好。公司必須努力讓員工團結起來，所以雙方要心意相通。我也很常訓斥員工，如果不罵，公司就無法運作。公司就像一個生命體，沒有正確答案，每一件事情要看狀況解決，但要對員工特別費心。我兒子偶爾會說「我沒辦法像爸爸這樣」。他說沒辦法像我一樣親自跟員工解釋，他要用電子郵件，我問他這樣可以建立情感聯繫嗎？他說他們那個世代可以（笑）。管理幾千個員工可不容易，一定會有愛找麻煩的，你對這種人怎麼好，他都會抱怨。但關鍵在於，大多數員工怎麼看待他的抱怨。

你好像很常用 Blind 跟員工溝通。

　　（用祕書的手機展示 Blind 的內容）這是今天上傳的。我早上起來，祕書最優先要報告的其中一項事情，就是 Blind 上的特別事項。員工都知道會長會看 Blind。我發現上面有些東西很有趣。有罵我的，也有罵我兒子的。祕書如果跟我說「今天不要看」，我反而更好奇。員工如果（在 Blind）批評很多，我會找（相關人員）過來，說「你們會這樣嗎？上面寫的是真的嗎」，也有人說是。

▊ 為自殺員工舉行公司葬

你跟員工溝通的方式似乎與其他集團領導人大有不同。

　　我不久前去中國出差，突然公司打給我，說有個員工跳樓自殺了。[1] 我當下就覺得事態嚴重，趕緊召集相關人員開會。我跟金炯琪副會長說我會親自指揮，不要去動那位員工的電子郵件跟筆記型電腦，所有人積極配合警方跟檢方調查，然後盡快通知親屬。我下指示說，一小時之內告知全體員工。但下屬們認為，如果是因為不滿工作而自殺，那會搞得人仰馬翻。我叫他們誠實坦率面對就好。對於要不要驗屍也討論半天，我打給仁川分公司，要求他們「快點驗屍確認死因，也要讓親屬同

1　作者注：自殺時間推估是 2018 年底或 2019 年初。

意」。檢方在調查中非常驚訝，因為大部分公司都不會想驗屍。
也有人問說，檢方認為是自殺，這樣還有必要驗屍嗎，但我還
是請他們驗。我從中國回來之後，發現自殺員工的父親在多明
尼加，姐姐在非洲，哥哥在美國，只有姑姑跟叔叔住在韓國。
我問員工們打算怎麼安排喪禮，自殺者的入社同屆跟同部門的
同事打算來辦，所以我請他們用公司葬。

公司葬不是CEO或對公司貢獻重大的人去世時才辦的嗎？

　　我說就當成是提早辦我的。我大兒子（徐真錫〔音譯〕
賽特瑞恩首席副社長）擔任喪主，場地設在仁荷大學醫院貴賓
房。我三天都去了會場，所有員工都來弔唁。我打算做安息禮
拜，結果員工去的教會的牧師說，自殺沒辦法做。我拜託我教
會的牧師，他說他要去青年修煉會所以不行，我說服他交換條
件──我去修煉會演講，你幫我做禮拜，這樣剛好。出殯是凌
晨五點，員工來了超過一百人。一輛巴士載滿了人，下到（墓
地）釜山。他的親屬非常感謝。葬禮結束後我過去驪州的修煉
會，青年們一直拍手，要我講個一整天。

員工自殺的理由是什麼？

　　沒有遺書，手機跟電腦也沒有什麼記錄。問了分手的前女
友，才知道他半年前開始接觸某個教會，還出現幻聽跟幻覺。
她說是因此分手的，而這可能是原因。他進公司才沒多久，離

職金是 500 萬韓元，但我跟員工湊了 1 億韓元。我為了感謝幫忙做葬禮禮拜的牧師，星期日去了教會，結果聽說教會派去中國的牧師，如果不做腎臟移植就會死。據說手術費用是 8,000 萬韓元，教會哪裡有這麼多？我叫信徒盡自己所能，剩下的我會幫忙，他們很感激我，但我叫他們還是盡量多湊一點（笑）。

庶民的出身會影響到跟員工的溝通嗎？

一般公司有員工自殺，可能大家會議論紛紛，但我們反而更團結了。但負責管理的常務說，這有個很大的副作用，就是員工們開始「要讓會長終身待在公司」的運動，希望自己死的時候也要那樣（公司葬）。其他公司有員工自殺的話不會報告給會長，離職金也不會多給。我吃虧了嗎？沒有，我的收穫更多，員工們沒有怨言，出了事情反而更團結。對我來說，所謂庶民的特性不是訓練出來的，而是出於本能，因為我是庶民出身，而且周圍的人也都是庶民。這真是轉禍為福的契機。

這點跟其他二代、三代的財閥有很大差別。

二代、三代的財閥沒辦法過庶民的生活，也不會有庶民的朋友。庶民出身的我從生活中學到的東西，他們都是在書上學的，理解程度不同——這是很大的鴻溝，這就是看待員工方式的差異。如果我沒有親自處理自殺員工的事，我們公司也會一片混亂。跟他一起工作的人會沒辦法工作，可能有精神疾病，

也可能離職。不過面對員工自殺，會長親自安排三天兩夜的葬禮，甚至由會長的大兒子擔任喪主，員工的角度看起來就很安心。我的意圖雖然不在此，但跟我花的錢比起來，這樣的效果更好。

▋「人」是最重要的資產

對於成功的祕訣，你總是會提到「韓國人」跟「人」，這似乎終究關乎賽特瑞恩的「員工」。

　　賽特瑞恩的生產良率[2]是世界第一。政府將生物工程選為國家重點課題之後，有很多人前來參訪。青瓦台來參訪時，旁邊也會有福利部、食品醫藥品安全處的人。他們會看到我們工作的模樣。他們看到員工動作緩慢，很好奇原因，我解釋這是我們的通則。製藥廠如果動作太快，夾雜致癌物質的灰塵就可能會跑進工作服，為了減少氣流要緩慢移動，太急的話可能就會導致汙染。這些都是規定，不遵守的話馬上會收到警告。另外，有人會趁著沒人注意的時候亂來，這樣產品只能全部丟棄，但不會記錄是誰做的。手汗摸到也會汙染，所以如果出汗，要先到外面脫掉白袍，擦完穿上白袍再進去。遵不遵守取決於員工自己。所以要有一種想法，就是公司會因為我個人的

2　作者注：生產性的指標，指理論上可達到的最大產量與實際產量的比率。

行為蒙受巨大損失。我的員工們這樣賺了非常多錢。良率高的話，成本會降低，從而產生競爭力。說到底，人就是企業最重要的資產。企業的能量，就取決於聚集在裡面的人是否協調、融合並創造出加乘效果。領導人如果且深體會這些，就會有柔軟的領導魅力。你隨便找個員工來問問，問說你覺得你們會長如何，他們一定會表示尊敬的啦（笑）。

太有自信了吧？

　　不然會長就無法帶領公司。員工很少會說「尊敬」，除非感覺到自己被關愛。世界真有趣，我自殺未遂，又活了十五年。幸福跟不幸就像是手心跟手背，如果說手心是幸福，那望著手心是幸福的，反之，只看手背就是不幸的。幸福是一體的。懂得感謝跟道歉，就會變得幸福，這就是佛教講的「放下」，即涅槃。想擁有就會被奪去，放下的話自然就來了，賽特瑞恩成功的基礎就在於此。我親身經歷了靠員工才有成功這回事。如果創造員工喜歡的公司，自然就會成為好公司。

你的意思是，企業的競爭力最終在於人與員工。

　　所以說「企業就是人」。新進員工培訓時我會說，我們公司從無到有走一路到今天，如果你的前輩在公司做了十五年，那就等同於在公司紮根了。這個前輩有資格受到你們的尊重，就算個性不好也忍耐點吧。尊重前輩，前輩也會喜歡你們，很

快就會把自己的東西給你們，你們就能快速成長。在我們公司
做得好，不能在背後說閒話，而是要好好讚美他人。

▌耍大牌事件的真相

我很好奇大韓航空耍大牌事件的真相。[3]

　　沒什麼特別的。我們公司部長以上搭商務艙，一般員工
搭經濟艙。我個頭比較大，只好坐頭等艙。我坐商務艙會塞滿
座位，連安全帶都不用繫了（笑）。因為這樣，我老是對坐經
濟艙的員工過意不去，所以我每四小時就叫他們過來一起喝咖
啡。空中巴士 A380 的經濟艙廚房跟頭等艙相連，所以很亂。
我在經濟艙附近的廚房走道喝咖啡，移動到頭等艙專用雞尾酒
吧，一人給了一杯，結果空服員制止了，所以才發生爭執。我
那時心情不好，應該說了些不好聽的話。當然空服員沒有捏
造我說的，但在我的記憶裡，我是說：「喂，這個座位來回要
1,500 萬韓元，這個價格應該也包含我跟員工在這個空間對話
的權利吧，應該有那種價值不是嗎。如果連這個都不可以，難
道不會太貴嗎？」引發爭議之後，我的員工就在 Blind 上說「會
長真的有耍大牌嗎？」、「大概有，我們會長的口氣平常也很

3　作者注：2018 年 11 月 16 日，徐廷珍會長搭乘大韓航空的頭等艙從洛杉磯
　　飛往仁川。空服員對部分媒體表示徐會長耍大牌，而後賽特瑞恩聲明「雖
　　然有些不舒服的對話，但沒有罵人、說髒話或粗話」。

危險」、「這次該改一改了」之類的話。員工都知道我是什麼個性，覺得我只是正常發揮，結果出醜了。

最終是為了顧到員工才出了意外呢（笑）。

　　我在公司廣播說：「很抱歉讓你們丟臉了，我只是按照平常跟你們講話的方式。以後雖然還是不會跟你們用敬語，但在外面我會用的。」結果員工現在忙到不行，在 Blind 上跟大韓航空的員工吵架。大韓航空員工說：「爆一下你們會長的料吧。」結果我們員工回答：「你以為我們會長跟你們會長一樣嗎？」[4]

▌員工能免費使用的招待所

仁川松島的賽特瑞恩總公司旁邊有個招待所，那是什麼樣的地方？

　　那是給員工的福利設施，一人每年可以免費使用一次，最多可以有十七名親屬同行（最高 100 萬韓元），提供紅酒或食物。他們大部分會在像是父母七十大壽時帶家人來。也可以在招待所室外草地吃自助式餐點，最多可以容納一百五十人，額外費用則由自己負擔。

4　編注：大韓航空前會長趙亮鎬家族醜聞不斷。

員工喜歡嗎?

　　喜好度頗高。每三個月會按照順序接受預約,一分鐘內就滿了。有人可能會覺得,給員工現金或是(招待所的)服務不是一樣嗎。但實際上,這比現金的效果更好。員工如果帶家人一起來,我會親自打招呼,這是為了鼓舞我們員工們的士氣。

建築是公司所有嗎?

　　是租的。前屋主破產之後跑路,全租的押金沒拿回來[5],所以現在的屋主就繼續用了。財產稅來了,屋主也沒繳。

看起來很有前景。

　　以個人住宅來說,這在松島應該算最棒的。前院有樹齡八百年的檜柏。聽屋主說,三星愛寶樂園出了 20 億韓元要買,但他拒絕了。有颱風的話我們員工就會很辛苦,因為如果樹倒了,可能還要賠償屋主。仁川市沒有官方的迎賓館,所以海外有貴賓來的時候,會借我們的招待所,因此這裡也被稱作是仁川市的迎賓館。最常用的大概是前市長宋永吉,我們會收使用費(笑)。仁川的企業如果有海外的買家來拜訪,我們也會出借,那個時候就不收錢。

5　編注:全租是韓國特有的租屋模式,租屋者會先付一大筆押金,之後不付租金,等租約到期時房東會退還所有押金。

聽說徐會長的居住地址就是仁川招待所。

我本來的家在盆唐，但居住地址是這裡。宋永吉議員在市長時期有邀請我搬到仁川，說仁川市民認為我應該要住仁川。其實是因為我要住仁川，才可以繳稅給仁川。在機場寫住址的時候最麻煩，因為我根本背不起來，這樣算不算偽造轉籍啊？（笑）我幾乎都在盆唐的家睡覺，颱風來的時候就睡招待所，因為不知道公司會發生什麼。最可怕的是暴雨導致工廠淹水，畢竟在海旁邊。

為什麼在松島建工廠？

因為接近仁川機場。離機場最近的工廠用地就是仁川了。總公司設在地方的公司，最大的困難就是找到優秀的人才。我們員工都不太想去忠北的工廠，因為有孩子的教育問題，但仁川反而會有高級人才過來。松島新城的高級公寓很受歡迎，綠地比率是50%，也有國際學校。我們員工大概有三千人住這裡。如果也算進員工親屬跟合作業者員工，那會非常多。要當議員，要先得到我們員工的心喔（笑）。想實現地區均衡發展，就應該在地方設立特色學校，讓優秀人才可以放心。忠北知事叫我自己試試看，所以我問了民族史觀高中[6]，說這要花很多錢，還包括稅金。雖然可能因為學生人數而變化，但每年大概

---

6 編注：韓國知名的外語學校，每年都有大量畢業生前往美國頂尖大學。

需要 100 億韓元。這應該由地方自治團體自己來做。想要優秀
人才往地方去，那就一定要實現地區均衡發展。

▋ 公司內部的幼兒園跟餐廳

據說賽特瑞恩是最受女性歡迎的公司。

　　大概是女性好感度最高的。男女員工的比例大概各半，但
如果光看生物工程背景的員工，女性的比例較高。我們入社很
競爭，男女員工是分開選的。面試時男生幾乎贏不了女生。如
果你問「爸爸還在世嗎」，男生只會說「對」，女生則會說「我
爸爸他……」，然後仔細說明（笑）。我們女性員工沒有差別待
遇，組長幾乎一半是女性，女性員工也沒有育兒壓力。

理由是什麼？

　　公司以前就在內部經營托兒所，每名女性員工可以免費托
育兩名子女，男員工就要麻煩老婆的公司負責保障了[7]。養一個
孩子一年需要 1,000 萬韓元。女員工如果生兩個，就等於是年
薪多了 2,000 萬韓元。甚至有六個月大就來的嬰兒。我們有夜
間老師，在你來接小孩之前都可以幫忙照顧。女員工去喝酒的
話會比較晚來接小孩。我還問過夜間老師，說習慣晚到的女員

7　編注：為提高生育率，韓國政府制定了許多雙薪家庭友善的補助與保障。

工是哪一個，然後叫那個員工趕快去接（笑）。

女員工一定可以享受這種福利嗎？

　　有時候，托兒所的容納量會跟不上女員工的生育速度，這時就會用年資、成績管理等加分的制度來篩選。

她們就算只是為了使用托兒所，也必須認真工作了呢（笑）。

　　我們員工育嬰假沒有限制，想請多久就請多久，大致上比較久的會到兩年。我有孫女，所以知道孩子離不開媽媽身邊的階段有多長。男性員工也很常請育嬰假。此外，我們公司餐廳免費提供三餐，女性員工也會有人會叫丈夫來公司吃飯，這樣就不用煮飯了。

不是公司員工也沒關係嗎？

　　都是免費的。（女員工丈夫中）還有一個我遇過很多次，以為是我們員工。我問他是哪個部門，他回答「我不是員工，我老婆才是」（笑）。

PART 14

企業論五大階段

沒有所謂的企業家精神

一到五年級企業論

徐廷珍說自己沒有所謂的企業家精神。他的第一階段就只是為了不倒閉而苦苦掙扎，第二階段則是為了賺錢而奔波。第三階段是像愛國之人一樣工作，第四階段則是樂於幫助有需要的人。現在是第五階段，他認為要創造出理想的公司。徐廷珍的理想企業是什麼模樣？

▌沒有所謂的企業家精神

「徐廷珍的企業家精神」是什麼？

　　有個媒體策畫了企業家主題，介紹到我的公司，但因為沒機會直接聽我說，所以可能是問了前友利金融控股會長李純祐（音譯），因為他跟我滿熟的。不過內容卻一點都不對。後來記者打電話問我：「會長認為的企業家精神是什麼。」我說「我沒有企業家精神」，結果他說不能這樣答。我問其他人怎麼答，他叫我找報導來看。我看了之後打電話跟他說，我不像那些人一樣聰明，做生意也不是因為什麼遠大的抱負。大宇倒閉的時候，我跟底下的人一起離開，但我沒有任何對策，想說死活做看看，就用5,000萬韓元開始了。那時沒有特別想做什麼，只想說做做看。我們第一個討論的就是「要做什麼」。

你在仁川延壽區公所創業中心創立了第一間公司Nexol。據我所知，你那時諮詢過包括IT（資訊科技）等多種事業的可能性，你之後很快就有「生技這方面更好」之類的想法嗎？

　　不是，我怎麼想都想不到。我那時感覺繼續留在韓國就像是被拷問。老婆總是問我要做什麼，部下也會問要做什麼。想到的話早就去做了。所以我抱著逃跑的心態說要去美國。老婆說：「你想得對，去更廣闊的舞台想一想再回來吧。」部下們也說是好主意，所以我就去了美國。

▋ 一到五年級企業論

你那時去了世界生技產業的中心舊金山。聽說你見了一些生技
領域的世界級專家，像是發現B型肝炎病毒、1976年獲得諾貝
爾醫學獎的布隆伯格（Baruch Blumberg）博士，還去了世界
級的生技公司基因泰克（Genentech），你很快就發現生物相似
藥的前景了嗎？

　　怎麼可能去了美國就馬上有想法？而且那時候，要用什麼
企業家精神來創業？坦白說，我只是在思考做什麼可以維持生
計。不過，決定生物工程的事業方向之後，就決定拚死拚活了。
搞砸的話就完了，會搞到家破人亡。所以那時就憑本能，把所
有能賺錢的事都做了，是好是壞也分不清，就是本能地行動。
只要說有錢賺，半夜叫我我也去，倒酒在皮鞋裡我也喝，給我
什麼我就吃什麼。事實上，在2000年以後，有錢人都會待在
酒店裡，我也幾乎每天都會去酒店，回家就都凌晨四點了。送
牛奶或是送報紙的人會高興地說「一起上夜班」（笑）。拚死拚
活之後，公司總算是抓到框架，接下來就是為了賺錢而工作，
因為要花錢得先賺錢。

　　大家不是都會說「賺錢的話就買那間房子吧」這種話嗎？
我是庶民出身，沒想過要賺多少錢才能幸福之類的。這沒什麼
意思。男人們說要花錢，難道會吃四、五頓飯嗎？還是衣服一
次穿兩套？我本來就不賭博，那不好玩。但去酒店也很累，我

每天都騙老婆說要去喪家,結果過了半年,就沒有該死的人
了,我朋友的父母都死光了(笑)。不知道自己到底在幹嘛。
我去酒店的話,那裡的員工還以為我是區經理來了,連前一天
的業績都跟我報告。每天吃的東西、做的事情都一樣,真沒意
思。

你是如何找回決心的?

　　我跟某個人聊天,他說:「我們國家是生技產業沙漠,在
這裡做這種事業應該很有意義。」結果他看著我,說我是愛國
者。聽起來不錯,我糊里糊塗地就成為了愛國者。我跟員工談
了一大堆我們的社會還有曹國的事,結果我被自己催眠了。但
最後受到金融監督院(因為操作行情嫌疑)調查,還被檢方搜
查。曹國給我的就只有這些,之後我就不想再玩什麼愛國者的
遊戲了,叫人把我們公司的太極旗都拿下來,員工勸我說:「這
種話不能去別的地方說,不然真的會被調查。」如果你想做些
什麼,應該要有為何而做的正當性對吧?我當時想的是幫助弱
勢者,幫助弱勢讓我覺得幸福。只有看到困苦之人,你才會知
道自己身在福中。我跟員工一起送了幾次蜂窩煤去給分租房[1]
的人,對我來說在狹窄的空間搬蜂窩煤真的很辛苦。有一個老
人家說我腦袋不好,說我們把蜂窩煤堆好之後,他們還要拿出

1　編注:쪽방,住宅改裝、租金低廉的狹小空間。

去賣。每個冬天都有很多人來送蜂窩煤，然後拍照記錄，但分租房的人無法理解。如果給錢的話就可以花在刀口上，何必特地把蜂窩煤堆在倉庫。所以我覺得這好像也不太對。

綜合來看，第一階段是不要倒閉，第二階段是為了賺錢，第三階段是愛國，第四階段則是樂於幫助他人。

到目前為止是這樣過了一到四年級。我要思考接下來的五年級，企業會是什麼樣子。本能來說，會想要創造理想的公司。有很多一年級企業的話才有能量，二年級企業也要多，如果進到三、四年級的企業增加，韓國的未來就會一片光明。此外，一、二年級的企業有沒什麼不好，各自都有存在的理由。我也不是意圖往上升的，而是出於本能。我本來沒有企業家精神，結果累積了經驗，就有了一些狗屁哲學，所謂的企業好像都是這樣。所有會長都對自己的員工有愛，看到員工開心，就好像看到子女在笑一樣。如果員工開心地跟我打招呼，我會覺得好像看到孫子一樣。假如我的財產是10兆，再多5,000億韓元心情就會好嗎？那就是數字罷了。這個數字在二年級為止都很重要，但接下來就不是了。

你說你創造理想公司是出於本能，雖然現在可能還沒完成，但你追求的企業家精神應該有個大方向吧？

繼續往理想國前進。找到真正的企業家精神，然後進步、

發展。反正人生沒有正確答案嘛，都需要看狀況隨機應變。我
想做我最擅長的事情，做有益於公司、員工、股東、社會的事
情。做生意，名分的重要性大過數字——也就是業績。你追尋
著名分，利潤自然會隨之而來。但你如果追著數字跑，客人跟
事業夥伴都會流失。

徐廷珍在2015年承諾在六十五歲退休。他在2020年12月跟員工告別,並履行了這個承諾。徐廷珍說,會長上了年紀之後會開始「倚老賣老」。會長如果倚老賣老,就要有人大喊「會長不是國王」,說公司有麻煩了。此前,財閥會長們被認為擁有無上的權力,被評價為「皇帝式經營」,徐廷珍卻一舉顛覆了八十年的財閥歷史。徐廷珍透露,他在三星會長李秉喆及大宇會長金宇中身邊觀察時,下了這樣的決心。另外他也感嘆,金宇中會長將外匯危機看成暫時現象,這種誤判成了大宇的解體的主因。

▌承諾在六十五歲退休

你承諾在六十五歲的 2020 年底退休，很多人都想知道你是否會兌現承諾。

　　先前我辦了 IR 活動給機構投資者，那時就有人問我是不是真的要退休，我說你之後就知道了。跟我很熟的會長們也問我是不是真的，我如果說是真的，他們會繼續問：「現在只有我跟你兩個人，你老實說吧，是不是發生什麼事？」我說，哪有人會因為知道明年發生的事，所以提早宣布退休啊？這時他們才會點頭相信。

你什麼時候下了這種決心？

　　我在 2014 年規定公司退休年齡，員工是六十歲，幹部是六十五歲。大家就問會長呢，我就說會長跟幹部一樣。我 2015 年就把代表理事的位子傳給了後輩，然後正式宣布退休時間。

韓國的集團領導人長期以來的慣例是，如果沒有健康或司法上的問題，通常死後才會卸任。如果有例外，大概就是七十歲主動卸任的 LG 集團名譽會長具滋暻。你考慮退休的理由是什麼？

　　我當過上班族，這個問題以前就想過了。我仔細思考，覺得六十五歲就該退出了。我親眼看到我侍奉過的會長們的變

化，認為不能超過七十歲退休，因為這樣會再也放不了手，你必須在還有能力的時候先離開。我們社長跟幹部也不可能到六十五歲還在帶人，那只會倚老賣老（笑）。

倚老賣老什麼？

我去見國小、國中跟高中的朋友，大家都在倚老賣老。老人的特徵就是固執己見，不同意其他人說的。我上次見了幾個朋友，他們說要去打撞球，結果我們去撞球場，說好賭注是晚上請炸醬麵，我就答應了，但他們一邊打撞球一邊吵架，去餐廳也繼續。我問他們是不是每天都這樣，他們回答：「都是因為那傢伙。」所以我就問了那個朋友，他卻說「都是因為某人」，還說「從家裡拿了1萬韓元搭地鐵到撞球場，跟某人吵一天，吃完飯再搭地鐵回家……我就是這樣生活的」，似乎除了吵架就沒話題了。地鐵給的不是免費的票（六十五歲以上），而是老人許可證（笑），你等於是官方認證的老人啦。大家都說自己不是老人，但都在做老人做的事。

你也覺得自己在做老人的事嗎？

我也到了六十幾歲，有時腦袋不清楚，記憶力衰退。但是跟六十多歲的人比起來，我應該沒那麼老氣吧？（笑）企業的「船長」如果倚老賣老就糟了。老一代的特徵是固執，聽不進別人的話。這可能讓船（企業）觸礁。其實這也沒什麼，只是

需要先設置好安全措施。為了公司，我認為退休才是對的，而
且最好趁著大家還會覺得可惜的時候離開。如果到了七十歲，
他們就不會那麼可惜了。好笑的是，我從2015年就開始說這
件事，大家卻說我是不滿政府才要退休。但其實不是為了抵抗
政府。

其他集團會長怎麼看你的退休計劃？

　　他們都罵我，說瘋了才會提前退休，說我到處亂跑根本沒
幫助，也說我是左派，他們不會這樣做。我說應該遵守退休年
齡，會長也是一樣。為什麼要訂退休年齡？因為（上了年紀）
對組織沒有幫助，才決定的不是嗎？會長不是什麼上天派來的
神子，其他人（上了年紀）對組織沒有幫助，會長只要吃了長
生不老藥就有幫助嗎，這怎麼可能？這不叫公司，應該叫王
國。事實上（韓國企業的）會長幾乎就是國王，所以當然想繼
續當下去。但這不是說說就可以解決，其實最反對的就是我妻
子。她說我退休的話，她在公司就被孤立了。但我不是國王，
會長不過是個頭銜罷了。其他創辦人也有很多退居幕後，所以
我開始有矛盾，覺得為什麼還要繼續做，或覺得做到這裡就可
以了。為了賺錢到處去跑的人其實是隊長，在底下工作容易多
了。跑著跑著就會想說「該死，要幹到什麼時候」，這樣我有
了早點退休的想法，至少活得像個人。隨著事業發展，最近只
要工作一年就能超過以前好幾年，在全世界都做出了名氣。我

工作時一直都很緊張，這其實很累。我認為提前訂好退休日是
正確的，員工也很高興，他們覺得自己有一天也可以成為最高
經營者，對公司的忠誠度因此提高。

▌金宇中會長的教訓

你說看著侍奉過的會長們的變化，所以決定退休。你指的是三
星會長李秉喆跟大宇會長金宇中嗎？

在兩位會長旁邊觀察的感受，成了我現在行為的基礎。
人只要超過七十歲，就會變成幾乎沒有煞車的火車頭。但沒有
會長七十歲一到就退休，因為旁邊的人只會拍馬屁，說「會長
還年輕，而且比我們聰明多了」。金宇中會長上了年紀，每一
年都在改變。年紀大了不能好好決策，會固執己見，因此容易
做出誤判，到最後根本不聽別人的話，身邊只會放了一些 yes
man。如果你跟他說這樣不行，他會說「知道了」，然後隔天
你會發現他已經交代其他人去做，如果其他人答應接下來，我
不就很尷尬了嗎。我覺得退休年齡不該有特例，會長是做重要
決策的人，會長的退休年齡只能比員工早，不能晚。如果會長
做錯決策，公司會遭殃，跟下面社長犯錯完全不能比。

你認為金宇中會長的這種判斷也導致 1999 年大宇集團的解體
嗎？以前大宇的管理階層中，有人遺憾地表示，金會長如果只

在大宇汽車跟其他部分中擇一搶救,就能阻止大宇解體。

　　大宇會倒閉最大的原因,是因為反向誤判了局勢。外匯危機時應該要站穩腳步,卻誤判成最佳投資時機,結果導致過度投資。當時大宇併購雙龍汽車之後,甚至還想併購雷諾三星汽車,我堅決反對,說我們公司也應該要出售資產來減少負債,這種狀況下併購(其他企業)會增加負債,這怎麼行?但金宇中會長認為危機只是一時的現象,說應該趁勢創造出現代汽車跟大宇汽車的兩巨頭競爭的體系。結果債務增加了2兆,金融機關紛紛背棄我們。

外匯危機當時,大宇集團不是有試圖出售大宇汽車嗎?

　　我作為特使去了日本豐田。豐田會長很欣賞我,他說:「就說你根本沒找到我吧,如果你說你有跟我談過,但我不接受,你不會有好處的。」GM跟大宇汽車在協商收購案時,實際負責人是現在的賽特瑞恩醫療保健副會長金炯琪,而我在他的上面。結果(金宇中會長)吵著說要多收一點,我別無他法,只好改了數字再帶文件過去。GM他們看了嘲笑說:「這麼好的公司為什麼要賣啊?」於是我又改了,之後過去找他們,但他們說已經不相信大宇了。最後GM連一塊錢都沒出就收購了大宇汽車,還得到產業銀行的支援。我們有過幾次(拯救大宇的)機會,但(金宇中會長)聽不進他人的意見。以前他的攻擊性還在合理範圍。但上了年紀之後變得非常固執。他決定要做的

事，一步都不會退讓。

金宇中會長主張「大宇他殺論」，指責金融監督院長李憲宰從中妨礙大宇，搞垮了大宇正常會有的資源。

　　大宇不是因為政治原因才倒閉的，也沒有受到政府打壓。政府也許沒有照顧，但不是金融監督院長李憲宰從中作梗，讓正常的大宇倒下。李憲宰院長非常了解大宇的弱點，他判斷大宇沒有（克服危機的）能力。金大中總統一開始傾聽了金會長的訴求，但聽過李憲宰院長的發言之後，似乎認為應該要小心面對大宇。金會長曾經很信任金總統。金會長是不聽旁人的意見，才下了錯誤的經營判斷。

大宇幹部向金宇中會長提出過什麼建議？

　　雖然有人建議增資，但金宇中會長沒有接受。他自己的持股本來就少，所以會忌諱。如果進行增資，就會喪失所有權，所以當時只能依賴貸款。所有人都反對，認為如果暴風要來，就應該迎面處理才是，如果超載，反而會翻船。但他認為這只是短暫現象，說只是一場陣雨。國家破產怎麼會只是陣雨呢？他把外匯危機想得太簡單了，真令人遺憾。

金宇中1998年擔任全國企業聯合會長時，還主張貿易順差可達到500億美元，他將帶頭克服國難。

當時大宇資金的利率是最低的，甚至連三星都來效仿。大宇在外匯方面，也是持有最多。但直到危機來臨前半個月，大宇才知道大難臨頭。我發現事情不對，馬上跟金會長報告要想辦法，但金會長說這只是暫時現象，他指示我們，這是做生意的機會，要最大限度地發揮。這種時候一定會有奸臣，盡說些會長愛聽的話，這就是奸臣的特性。

▍應該在健康的時候下台

你會不會後悔做過退休承諾？

老實說，我也想做久一點。更誠實一點的話，哪個集團領導人會想退休？我提前跟員工說（退休）是怕自己會不想走。也就是說，為了讓自己不得不守約，就乾脆做了承諾，現在也不好意思待下去了。當然，我們的股東並不樂見。（韓國企業界）到七十歲都沒退休的會長從來沒有好下場，韓國企業的問題在於會長不早點下台。理想往往就是正確答案。希望大家能相信我。我不是什麼道德君子，只是個現實主義者。趁還沒挨罵的時候退出最好，如果那時才退，公司垮了，形象也完了。現在就應該離開啦，我已經做到這個程度，還能怎麼辦？我知道自己的能力到哪，我身上的東西似乎快用光了。既然已經見底，再繼續待著可不好。應該要讓年輕人交出自己的東西——公司就像我的孩子，哪有人願意讓自己的小孩走錯路？

家人可以理解嗎？

　　妻子一開始無法理解，覺得很荒謬。但我準備退休的同時，每天大概用電話工作四、五個小時，其餘時間都陪她一起生活，她滿高興的。疫情爆發後基本上是居家辦公，家裡成了我的辦公室。妻子問說要在韓國還是去國外玩，我一開始都說想去國外。因為在韓國玩，可能會被員工看到，我希望他們（把我）忘了，才能玩得盡興。祕書組還告訴我，把一半的錢分給大兒子。會長應該在神智清醒的時候，好好進行整頓，然後撒手離開。如果創辦人在正常狀況下好好分離所有權跟經營權，建立以專業經營人才為中心的體制，那就不會有混亂。

　　三星李秉喆會長雖然任命三子李健熙為接班人，但最終仍與大兒子聯手，事情搞得很複雜。現代、SK、樂天、韓華、斗山、錦湖、曉星也是鬧得不可開交。LG比較好一點。到了七十歲，說自己會退下去的人都不會退，反而會更執著。沒辦法冷靜思考，變得更固執、倚老賣老。六十五歲可以免費搭乘地鐵，為什麼？就是在告訴你，辛苦啦，現在好好休息吧。你年紀到了，已經不適合做正常的活動。所以什麼時候該退休？就是可以免費搭地鐵的時候啊。

十年、二十年之後，應該會有很多會長向徐會長看齊吧？

　　應該不會只有我一個。

如果你把自己家當辦公室，那費用怎麼處理？

我會分開公務跟我個人的費用。個人費用會用自己的錢處理。好比說，盆唐家的除草工人的人事費用，我是自己出的。

從其他集團的情況來看，會長因為不法行為而接受審判時，常常被發現花公司的錢去找律師。

我大兒子去海外出差會搭商務艙。公司只提供經濟艙，可是他的體型跟我一樣大，所以位子太小，所以差額就由我兒子自己付了。[1]

▌賽特瑞恩沒有祕書室

李秉喆會長說過，自己像是被關進祕書室的人牆裡面。賽特瑞恩的祕書室如何？

我們沒有（像三星負責指揮集團的）會長祕書室。我只有兩個女祕書，這樣就夠了。祕書室如果找太多人，就像是在屋頂上再蓋屋頂（意思是事倍功半）。我不需要祕書室。我也曾經是上班族，知道會長祕書室的弊端。其他集團甚至連社長都要看會長祕書的臉色。但在賽特瑞恩，沒人會看我祕書的臉

---

1 作者注：徐廷珍會長的大兒子徐真錫擔任賽特瑞恩的首席副社長，二兒子徐準錫（音譯）則擔任理事。

色。祕書的工作就是管理我的行程，替我收發訊息，沒辦法左右業務。

活動的稿子是誰準備的？

我自己弄的。其他集團會長的演說文，是代理寫了之後一路往上呈。撰寫花一個小時，批准卻要花一個禮拜。所以才有人說「代理式經營」（笑）。我會自己寫稿，不會叫底下的人做。

不會花很多時間嗎？

十分鐘就完成了，我不會先找人擬。他們準備的東西幾乎用不到，因為（底下員工）沒有會長才知道的高級情報。

祕書室之外還有其他專屬員工呢？

我跟妻子有六個保鑣，所以就沒有司機跟隨行祕書。保鑣會隨行。我晚回家妻子會擔心。她說如果我被綁架，她就要去找我。雖然不是一定要找，但不找的話她會被罵（笑）。財經界有很多會長家人捲入非法事件，只是外面不知道而已。傳出去大家只會更注意你，所以乾脆安靜一點。保鑣是用輪班的，妻子的保鑣是青瓦台警衛室出身，是我當兵時候的學弟。妻子的保鑣還要會買蔥、豆腐之類的東西。我的是二十四小時都要有人待命。其中一個保鑣會在我家守夜，畢竟我是跟全世界做生意，總是會收到電子郵件或電話，如果晚上有緊急電話，他

會把我叫醒。

這樣體力有辦法負荷嗎？

　　沒辦法，睡覺是最大的問題，只能找時間小睡片刻。

▌主持的全都是電話會議

會長會如何主持會議？

　　我們公司創業以來沒有會長主持的（實體）會議。首先，早上九點左右會跟副會長們進行多人電話會議。我最常問的是：「今天有事要找我商量嗎？」這大概會花五分鐘。接下來，跟社長們的電話會議差不多會在九點十五分結束。再來是幹部、組長的電話會議。用電話討論當天要做的事。

簡單的電話會議就能讓公司做出重要決策嗎？

　　我是創辦人，所以這才有可能。創辦人了解事業的細節，聽報告的時候不用執著。如果不是創辦人，那就只能聽很長的報告了。我們集團沒有會長用的報告資料，我口頭問問就結束了，之後我再跟全世界的駐外人員通話，向各國下指示，這樣全世界跟韓國的事情就會安排好。沒必要硬要把人找來開會，用電話不會有任何障礙。只要收到報告書，我就會罵說為什麼要做，講的不行嗎？一般要講還講不到五分鐘。我在大宇的時

候做過調查，白領階層的工作有一半是在做報告，但寫出來的
報告卻少了最重要的對策，就只是列出問題而已，這是最糟糕
的習慣。

很難想像電話會議的樣子。

　　（徐廷珍會長要祕書拿公務電話過來。）我直接給你看會
長檢查業務的會議室怎麼開的，現在剛好是工作天結束的例
會。（當時約為下午六點。）一天的開始跟結束時會開兩次。
會長要主持的會議就這些。（接著徐廷珍會長同時跟公司各部
門的四、五位負責人進行了電話會議，前後一共主持了五到六
組。）

每個小組開會的時間只有幾分鐘。

　　我只會問有沒有需要特別商量的事情，以及有沒有變動。
（徐會長主要問了關於新冠肺炎治療劑開發的海外臨床試驗事
項。）這樣開會就可以了，何必特別聚在一起。而且我說不要
用紙張來開會。都已經知道的東西，何必呢？我們沒有所謂的
會長會議，也不用會長批准，副會長們自己看著辦。

這種方式是什麼時候開始的？

　　從（賽特瑞恩成立的）2002年就這樣了。（徐會長對話的
同時，也處理了幾次簡短的會議。）只要共享核心的事項就可

以了，只有這樣，我們用的語言才會一樣。我只負責鋪路以及給指示。如果說要投資3,000億韓元，我會問說「2,500億不行嗎？」來訂出投資範圍。如果他們同意，那就是完成協調了，不用另外再弄一個2,500億韓元的企畫書。

偶爾應該也會有一些問題需要深入討論吧？

公司沒有什麼東西可以討論。（看向旁邊的祕書）你看過我跟幹部討論超過五分鐘嗎？（祕書說沒看過）如果出現需要討論的，我一定會到現場，中間部分全都排除，先正確掌握狀況之後，才打電話給負責人，叫他們想對策，指示要做跟不要做的事。只有這樣，創辦人才可能徹底了解自家業務。

週末怎麼工作？

週末或假日都跟平日一樣。所謂的公司，就是會有源源不絕的事情。（剛剛沒參加電話會議的幹部打電話過來。說去洗澡沒接到電話，很抱歉。）沒關係，沒有要商量的吧？（徐會長馬上就掛了電話。）

如果是其他集團，幹部沒接到會長電話會不會被炒魷魚？（笑）

我們如果有事沒辦法接，那就之後再通話。這是經營的妙法。跟我電話會議的幹部都會非常驕傲，因為跟會長一天通兩次電話，等於是跟我一起聽了公司整體運作的狀況。

你常去海外出差，那種時候怎麼辦？

　　也都是早上九點（韓國時間）開電話會議。就算當地時間
是凌晨，我也會準時，這樣才可以確認公司每天整體運作的情
形。

▎理事會不是yes man

很多人都說，因為財閥集團的會長都像國王一樣高高在上，所
以理事會不過是一個舉手表決的機器。賽特瑞恩呢？

　　我們理事會主要是由股東派遣的理事組成的，有淡馬錫，
也有One Equity Partners等。我們從來不推動「沒有一致支持」
的事情。就算反對者只有一個，但在他同意之前，都不會執行
該任務。我們公司的理事會不是舉手機器。現在理事會沒有淡
馬錫的人，因為他們判斷，就算不派理事過來，也不用擔心我
們的透明度。作為主要股東，我們會針對必要事項先徵得同
意，所以我們任何理事會都不只是形式。

所有權
跟經營權分離

徐廷珍承諾在六十五歲退休的同時，要分離所有權跟經營權。CEO 會由專業經理人，兩個兒子則是旗下公司的理事會議長，只擔任大股東的角色。財閥一直以來的慣例，就是不好好檢視經營能力，就直接把經營權轉給兒子。在財閥八十年來的歷史中，徐廷珍將經營權跟所有權分離是史無前例。很多人都去留學，但徐廷珍的兩個兒子沒有去，應該說是不能去，因為徐廷珍反對。

徐廷珍的兩個媳婦都出身平凡家庭。他嚴格禁止兩個兒子在談戀愛的時候，告訴女友自己父親的身分。這跟重視姻親的財閥慣例也天差地遠。徐廷珍希望自己建立的公司能有好形象。為此，他希望能將國民討厭的、不認同的企業慣例，導往正確的新方向。

▌我不會交棒給兒子

你承諾在2020年期滿退休後,會將所有權跟經營權分開,並確保專業化管理體系。

　　我說過會擔任賽特瑞恩的船長到2020年底。[1]那之後,就會由專業經理人擔任各旗下公司的船長,負責經營。我在2015年把代表理事傳給後輩,給了他們十年的任期。但現在來看,他們很難工作到六十五歲。之後會再把CEO傳給年輕一輩,任期五年。在我卸任時,除了賽特瑞恩副會長奇友誠(音譯)跟賽特瑞恩醫療保健副會長金炯琪之外,其他六十歲以上的會一起卸任。(跟我一起退出的)同進退組員已經安排好了,我跟他們說要一起乾脆地退出,把一切都交給後輩。之後為了這些人,我打算收購一間價值5,000億韓元的公司,股票以退休者的名字出借,要他們日後再還。退休人士老了之後也要過活,這就是為了讓他們維持生計。我認為築城的人不能也守城,應該要在築好城之後,毫不留戀地傳給守城的人。築城的人擅於建造城牆,但到了守城階段,卻會親手毀掉自己建的城牆。

你兩個兒子是公司的首席副社長跟理事。如果把CEO交給專

1　作者注:對話時間點是2020年12月底退休前。

業經理人，那兒子們會是什麼角色？

　　現在因為有經營課程，所以他們還在賽特瑞恩之下。但我退下來之後，我叫他們不要把所屬改到賽特瑞恩控股，而不是賽特瑞恩或賽特瑞恩醫療保健。既有的旗下公司交給專業經理人，兒子們就當旗下公司的理事會議長。因為不是代表理事，所以不會直接經營，只會擔任任命CEO的大股東角色。結果兒子就問說理事會一年開幾次，我說五到六次，他們問說其他時間要幹嘛。我說，你們就跟我在賽特瑞恩控股做U-Health Care[2]等未來事業。U-Health Care結合了第四次工業革命跟醫療保健。重點是不要讓兒子覬覦公司的經營，即使當個理事會的議長，對旗下公司也有影響力，但如果自己工作忙，那就沒辦法多管閒事了。我說：「專業經理人會好好養樹，你們就好好種樹吧。」雖然還沒開始，但之後U-Health Care的市場會擴大到1京（1兆的10,000倍）。我的孩子只靠自己做不來，我必須在後面撐著。穩定的公司就交給專業經理人，面對未來挑戰就交給所有人負責。我打算做這樣的嘗試，至於結果如何，就看我跟孩子如何去奮鬥。

你兩個兒子目前都三十幾歲。我好很奇，徐會長一開始說這些

2　作者注：Ubiquitous Health Care的縮寫。是應用Ubiquitous跟遠程醫療技術的健康管理服務，可以讓人不受時間跟空間限制，來接受醫療服務。

想法，家人是什麼反應。

我說很久了，早在2015年前就開始，這不是一朝一夕就有的想法。他們現在似乎可以理解（我的意思了）。現在我們公司的指揮體系很健全，他們清楚知道裡面已經沒有容納自己的空隙（位置）。賽特瑞恩的代表理事權限非常大，即使是我的兒子，也不能爬到代表理事頭上。此外，以後的人就算手握經營權，也不能私吞，如果不創子公司之類的，沒什麼東西可以挖走。既然沒什麼可挖的，就只能按照原則來處理。我偶爾會問其他會長，你會用經營權來做什麼？我覺得自己沒什麼可以行使的。行使經營權的目的，最終都是要把錢轉給子女之類的。擁有經營權的人只要努力做好自己的事，即使不私吞，還是可以成為有錢人。《富比士》說我是全世界排行第幾名的富翁，但生活上其實不用花到那麼多錢，我妻子也幾乎不太花錢，所以我的快樂泉源終究是建立一個穩固的企業。我不是很在乎我的財產有多少，因為我不是去賺錢的，而是我走著走著，錢就跟著來了。

把經營權傳給子女是財閥的長久慣例。因為沒有檢視子女的經營能力，也不擇手與方法轉手經營權，導致通融、不法等爭議，最後導致企業面臨危機。如果你實現了所有權跟經營權的分離，將成為韓國財閥歷史八十年來的第一例。

我也想過退休時要如何離開。我想應該要體面地離開，既

然如此，我就應該留下理想的企業形象。我說要分離所有權跟
經營權，別人都不相信。這是我們公司正在嘗試的實驗，我認
為這樣走才最好，國民期盼的不就是消除對企業的不信任嗎？
其實如果想完全分離所有權跟經營權，最好的方法就是賣掉我
所有持股，但這個方法並不好，中國那邊100%會買，一釋出
馬上就會賣掉。這樣就不是做豬舍（把中小企業培養成大企業）
而是賣豬（出售企業）了，用這種方式處理企業不妥當。

　　此外，即使兒子們當上會長，最多也只會持有我的股份
量，真正最大的股東，其實是小股東——我們都為他們工作。
人家說要行使經營權，但對員工有什麼好行使經營權的呢？收
割過的人無法插秧，我必須塑造值得眾人期待的模樣。是有方
向了，但還在想具體的做法。首先我打算跟員工遵守對社會的
承諾，因為是做別人沒做過的事，所以難免會出現錯誤，但我
們不會做會讓人失去信任的事。

你說收割過的人無法插秧，那是什麼意思？

　　收割就是當社長，聽取員工報告以及做裁決等，你不能如
中毒般沉迷於此。

你有機會與其他財閥集團的第三代、第四代談談所有權跟經營
權分離的事情嗎？

　　很難對話，工作的方式差太多了。創辦人們雖然能理解，

但他們沒有實際工作過，只因為身為會長而被擁立。他們認為行使人事權力是很大的權力，所以喜歡「突然來打招呼」。但我不會突然打招呼，只做有預告的招呼。給CEO十年任期表示不會動搖。十年能創造出自己的聲音、自己的東西。

財閥第三、四代能夠坐上會長的位子，是因為遇到好的爺爺跟爸爸。他們應該要知道自己不是因為能力才當上會長的。

　　我也跟兒子講過類似的話，說不知道你們是我兒子是福還是禍，也不知道你們不勞而獲繼承了這麼多錢是福還是禍。最近兒子們也開始同意這些話，他們說，如果為了這些錢要活得像爸爸一樣，那對爸爸的感情應該現在就消耗光了。也許在他們的角度，我看起來也不怎麼風光吧。

最先開發出生物相似藥的全球生技企業的成功領導人，還走遍了全世界，卻還是不風光？

　　要跟全世界競爭，你沒有一天靜得下來，每天都是非常時期。兒子們也都看到啦，覺得很頭痛。煩惱了幾個晚上解決事情，過幾天又出現其他事。我跟兒子們說不會讓他們當代表理事，他們還說自己也不想呢。這種規模的公司，沒有一天風平浪靜。要競爭的公司怎麼可能安穩？你要競爭，難道還能靜靜地跟人家鬥嗎？好比說，如果專利敗訴，損失會非常大。要在判決出來之前不斷聽報告。電話一響，我凝視著電話，那

一個瞬間一片寂靜。臨床結果出來的時候，大家也很緊張。員
工打電話給我報告的時候，會開門見山地說「結果好」或「結
果不好」。每天都在緊張。跑現場的人是不會幸福的。《富比
士》說我是韓國第一、第二名的富豪，那當然要幸福吧？但我
真的幸福嗎？其他人可能會覺得我幸福，但好像又不是。我最
幸福的時候，是看到員工笑得燦爛的時候，有時是看到員工在
Blind 上彼此祝福的時候。錢不過就是個數字。其他財閥我不
知道，但我希望我創立的公司能留下好印象。我只一心想著，
在國民不喜歡、不認同的問題上，我們應該要用新的、正確的
方式來前進。

▌徐廷珍退休後的賽特瑞恩

你不擔心沒有徐廷珍的賽特瑞恩嗎？

　　我跟在大宇的五個部下一起創業。某個集團建立時跟我
們類似，卻沒有任何創業夥伴留下，但我們依然保持原樣。
三個是副會長（賽特瑞恩的金宇成、賽特瑞恩醫療保健的金炯
琪、賽特瑞恩控股的柳憲煐），一個是社長（賽特瑞恩膚康文
光榮）。還有一個是不想繼續在職場工作，所以目前擔任顧問
（賽特瑞恩醫療保健李根京）。他財產有幾百億韓元，說要跟妻
子去美國安穩生活。副會長們的財產大概都在 1,000 億韓元左
右。我 2015 年把他們任命成 CEO，給了十年任期。他們問我

「幹嘛要一直做辛苦的事，不能一起退休嗎」，但CEO要十年才能畫出自己的藍圖啊。我弟弟是賽特瑞恩製藥的社長，雖然年紀比奇友誠副會長大，對他卻畢恭畢敬。我跟弟弟說，你對公司的貢獻還比他少呢，所以我弟弟雖然年長，又是我弟弟，卻也不敢頂撞奇副會長。沒有人覺得因為是親戚或姻親，就會有特別待遇。

我們沒有特別錄用，也沒有什麼皇親貴族。只有待得久的人才是皇家貴族。某個會長問我說，創業成員不會背叛嗎，我說敢背叛我就殺了他（笑）。有什麼好背叛的？我們副會長年薪的決定權不在我，都在他們自己身上。我的年薪訂為副會長的1.3倍。然後也有選擇權跟員工認股這些很好的制度。我們已經有很多財產了，對年薪沒那麼執著，比較會看自己的年薪會不會影響其他員工。

專業經理人之間可能會看法不同。

因為領域不同。賽特瑞恩醫療保健必須從賽特瑞恩這邊便宜買到藥，賽特瑞恩則必須高價賣給賽特瑞恩醫療保健，關係不太好（笑）。所以我們用「貢獻度評價」的規則來決定價格。每一次價格調整需要三個月。

據說，三星電子過去在崔志成副會長時期是從中國買便宜的零件，而不是從三星電機或三星SDI那裡購買，所以有些爭執。

只能互相牽制了。奇友誠跟金炯琪（賽特瑞恩醫療保健副會長）都各自努力將自己底下的利潤最大化。如果賽特瑞恩醫療保健的買進單價變成了出售單價，當然會吵得很激烈。

賽特瑞恩跟賽特瑞恩醫療保健日後合併的話會如何？

即使合併，因為領域不同，所以還是一樣。研究開發、製造、銷售等等從概念上就不一樣了，沒辦法單獨做。專業經理人有自己的專業。不懂內容的人去做研究開發或業務，就會搞砸。如果聽到醫生發表意見，研究開發的人會說醫生無知。但做業務的人，就算聽到很不像話的意見，也要說「我知道了，我再去反映」，好好傾聽讓（買藥的）醫生高興。掏心掏肺才能做好業務；相反地，產品開發的人不能忽視心跟肺，小心翼翼才做得好。

▌不讓兩個兒子留學的理由

你教育兒子的方式似乎很不一樣。

大兒子從首爾大學畢業的時候，我叫他去韓國科學技術院繼續念書，他想要我送他去留學。小兒子也想去留學。我妻子甚至跟孩子一起制定計畫。但我叫他們不要去，所以沒人去，全都在韓國念書。我的孩子從來沒去過財閥第三、第四代的聚會，兒子的朋友都是國小、國中、高中跟大學同學。他們都住

全租房，車子開Carnival，我家沒有進口車。

別人都會去留學，為什麼不讓他們去呢？

　　想要在韓國當老闆，就必須在韓國念書。想在韓國當老闆，就視而不見、聽而不聞，有想說的話也要忍耐。聰明是基本，但裝聰明沒辦法當老闆，部下不會願意跟，我花了很久才領悟到這點。如果兒子們可以早點醒悟，那就會比我更好。兒子一開始覺得我是為了省錢才不送他們去留學，但之後也同意我的看法。他們的朋友留學回來，都看起來很聰明，卻沒什麼教養——聽說見面時都在裝腔作勢，似乎沒什麼人喜歡。員工會喜歡我，就是因為我不夠聰明，就算你想要裝腔作勢，最後還是員工們比較聰明。

▌先不要讓媳婦人選知道我是誰

兩個兒子都結婚了，媳婦人選是怎麼找的？

　　我跟兒子說，在把結婚對象帶到我面前之前，都不要說你是我兒子。聽說大媳婦是大兒子在江南跳舞的時候遇見的，結婚前交往了四年，在中央大學主修攝影。一開始要來打招呼的時候，我叫祕書帶她到辦公室，之後她說嚇到了。我問她喜不喜歡（兒子），她說喜歡，我說「那就一年後結婚」。結婚之後，媳婦才哭著跟我說，她那一年彷彿地獄一般，知道我的身分之

後，他們家就開始擔心這個婚姻可不可行，會變成周圍朋友中傷、誣陷，以及猜忌、忌妒的對象。企業界有很多政治婚姻，彼此都沒有感情，如果要帶那些裝模作樣的人進來，不就要服侍別人過活嗎？有什麼好可惜的，幹嘛做這種事？我的親家公就是在大企業當工程師，然後已經退休的普通人。

二媳婦也是一般家庭出身嗎？

二媳婦也很善良，是我妻子朋友的外甥女。父親是企業的幹部，母親是家庭主婦。只要兒子喜歡，我們就會同意他們結婚。我打電話給親家公上班的企業會長，說我二媳婦人選在他們公司上班，他還嚇到問我是真的嗎。我說她父親也是公司的幹部，他就更驚訝了，畢竟他什麼都不知道。聽說之後那個會長就把他們分別叫來問狀況，他們父女突然變成公司的名人。

PART 17

遺產稅重大妥協論

國家跟家人各分一半吧
要嚴懲非法繼承

沒有稅金的代代相傳是公認的韓國財閥惡習，受到許多國民的譴責。徐廷珍表示不接受通融、不法的繼承，但企業家依現行制度將企業傳給子女的稅率極高。如果沒有辦法傳承，就只能賣給別人。徐廷珍對此也不接受，為什麼自己努力培養的企業要賣給外國人？徐廷珍提出了自己獨特的解法——將繼承財產對半分給國家跟家人，稱得上是「遺產稅重大妥協論」。用通融、不法手段繼承經營權跟財產的財閥們，說這些話可能會被罵，但徐廷珍是白手起家的創辦人，到目前為止連一股都沒有過給他的兒子們。

▋國家跟家人各分一半吧

快退休了，股份繼承是如何準備的？

　　我的財產都在我的名下。其他會長會先轉好（給子女）。在目前的遺產稅制度之下，要依法行事（把企業傳給子女）很困難。

那你打算怎麼做？

　　共同民主黨議員鄭清來是我的大學後輩，我們一起吃飯到一半，我叫他把遺產稅政策改一改。他問遺產稅有多少，我說最高稅率50%，再加上最大股東的（經營權附加）稅30%，就是65%，如果用現金支付賣股票，還要再加上交易稅，總共是80%左右。他驚訝地說這麼高啊，還問該怎麼做，我就說「逃跑啊，移民啊」（笑）。我說要修法，他問怎麼改比較好。我說（要轉讓股份的）一半給國家，一半給家人會比較好。企業人士讓公司從無到有，一半一半分配，但要嚴格禁止非法贈與或繼承，這樣的話，企業家應該會同意，之後也沒有可以逃稅的漏洞。

鄭議員對這個方案有共鳴嗎？

　　他把我的話轉給曾擔任地方國稅局長的人，聽說對方表示「徐會長沒說錯」，還說他就算不知道，也正在觀察我會怎麼

做。獨自持有全部股份的人只有我，所以我的做法會成為試金石。此外，他也說我打算把股票對半分給國家和家人「應該是真心的」。我認為，應該允許用股票代替現金去付遺產稅。政府不要賣出作為稅金的股票，而是繼續持有，大概到第三代就會是國家所有了。國家到時候可以出售企業換現金，這樣就不會有什麼財富集中的問題了。對政府來說，既可收稅又能守住企業、保護產業。現在的遺產稅制度實在無法走入現實。

OECD 會員國的遺產稅最高稅率平均是 26%，確實不能否認韓國偏高。

　　2019 年初，我參加法國總統馬克宏邀請的活動。法國邀請了全世界一百二十五個巨頭進行投資，把凡爾賽宮整個包下來當場地。午餐時，他們讓我坐在國務總理旁邊，理由是說要禮遇我。我就問他說：「你們的煩惱是什麼？」他說從前的社會福利制度是三個年輕人對一個老人，現在卻是一對一。如果不改福利制度，那就必須提高稅金，但減少福利的話人民會抗議。法國政府希望改革，所以叫我去投資，說如果他們改革失敗，那不只是法國，連整個 OECD 都會有問題。失敗之後不管是走向極左或極右，都是走向極端。極左就是走向獨裁，極右就是走向共產。坐我旁邊的是豐田法國的社長，我問他馬克宏在法國受歡迎嗎，他說不，而且連任的機率也不大。我說那他們何必這樣，他回答，總是有人要出來點出問題。我在那裡

感覺到，法國的事情不僅僅關於他們自己。法國政府打算對有錢人多收稅金，結果他們都逃（到國外）了，所以現在才努力把逃走的子民們叫回來。

▌要嚴懲非法繼承

你2019年2月接受《韓民族日報》訪談時，曾經公開表示自己對遺產稅的想法。之後有聽到政府方的反應嗎？

　　我在訪談之前先與青瓦台人士見面，我那時就說會講到（遺產稅），請他們諒解。我說政府跟家人各一半應該沒錯吧，對方說政府不會認為這有違常理。他們雖然不知道是否要對半分，但知道（遺產稅）有問題。每個人都希望自己的事業無論如何都能延續。完全消除企業的所有權是不好的，在韓國最簡單的方法就是賣出企業，拿到現金。如果把現金傳給孩子，稅率只要50%，沒有經營權附加稅。但問題在於，公司會被其他國家收購。如果韓國企業變成待售商品，讓中國企業收購，那總公司就不會在韓國，而會轉移到中國。

其他會長對徐會長的意見有什麼看法？

　　我被罵啦，說一半像話嗎。其實能說這種話的大概只有我。某個會長還說：「我繼承跟贈與都弄好了，你去跟別人說吧。」我對會長們說，叫他們一起改變社會，不要製造反企業

的社會情緒。

雖然會長們主張繼承稅、贈與稅的制度迫使企業家犯法,但人民卻更加不信任不按時繳稅、甚至逃稅的會長們。在社會不信任的狀況下,要降低遺產稅並不容易。

所以我覺得我的狀況很適合提出問題,我沒有把股份轉讓給子女或妻子,因此才能討論遺產稅。我的兒子們計算了繳稅之後繼承(我的股票)的結果,他們各自繳完遺產稅之後,似乎可以拿到價值1兆韓元的股票。他們說反正那些股票也不能支配企業,不如用來跟家人一起生活,叫我不用煩惱。我就說我是擔心公司,哪是擔心你們啊?但兒子們說沒有其他辦法。2014年韓國種子市場最大的企業——Nong Woo Bio[1]的代表突然過世之後,他正在留學的兒子為了遺產稅,把公司賣給了Nonghyup[2],之後似乎就毀了。有很多法律事務所來找我,說會幫我找出遺產稅的解法,但我說律師費還更貴,就拒絕了。

法律事務所有什麼解法嗎?

沒有,只是說會研究。財閥們慣用的招數都被防堵了。除非我要求修改遺產稅,不然沒有其他解法。

1　編注:主力事業為種子、園藝用土壤、肥料等等。
2　編注:一家農業銀行,總部位於韓國首爾的中區。

你這樣下去被討厭怎麼辦？

　　青瓦台的某人都說知道了，叫我不要公開談調降遺產稅的事情，還問我為什麼要一個人出來扛。但我說是有道理的，因為其他人都事先做好繼承跟贈與，所以不方便多說啊。

普通人徐廷珍

徐廷珍個性灑脫直率，是不折不扣的庶民。他不是刻意偽裝自己，而是他出身如此。徐廷珍經常親自下廚給夫人和保鑣吃。常去社區裡普通的理髮院跟澡堂。夏天時，他喜歡穿短褲跟拖鞋去社區澡堂。徐廷珍喜歡穿平價T恤，他的形象很難讓人聯想到影劇中的財閥巨頭。他坦承，在創業初期為了不讓公司倒閉，他什麼事都做過。他還說如果要當模範生，那就沒辦法成功。他強調成功的人必須反省過去，然後把成功用之於社會，而非自己。徐廷珍自嘲，說自己不是那麼好的人，千萬不要美化他。

▍為妻子跟員工下廚的領導人

你常常親自下廚招待客人嗎？[1]（我造訪了徐廷珍會長的自宅，他在陽台親自烤肉跟香腸招待。）

　　我本來就喜歡做菜，而且做得不錯（笑）。

真是庶民一般直率的性格。

　　我跟妻子兩個人生活，孩子們也不常來。妻子不喜歡做飯，所以我早上會做飯給她吃，連同三個保鑣的份一起準備。剛創業的時候是妻子養我，現在我叫她休息了。我會跟保鑣一起吃三餐，但洗碗就由他們負責。每天早上我都會問保鑣今天想吃什麼，他們會請我做這道或是那道。煮飯的時候，警衛會幫忙洗米、切蒜。我每天都會換菜單。而且既然是我做，就沒另外給伙食費了（笑）。我今天早上做了明太魚湯、泡菜豬肉、野菜，（問旁邊的員工）好吃吧？保鑣都是龍仁大學警衛學系出身的，警衛、開車、隨行一起做，一石三鳥。

沒有另外找人做家務嗎？

　　一開始有請做飯的大嬸，但不太方便。她會想辦法做很多菜，但（剩下的）要丟掉也很麻煩（笑）。我沒辦法穿短褲，

1　作者注：對話是在2020年7月底，於江原道龍平的自宅中進行。

也沒辦法穿內褲到處跑。好好穿衣服這件事最不方便了，還不如我自己煮。後來找了一個每週來三次、每次做半天的打掃阿姨，但也沒什麼好弄的。她們一開始都覺得很荒謬，因為她們竟然跟會長一起整理冰箱。我在沙發底下鋪墊子看連續劇睡覺，妻子則在床上睡。在我們這個年紀，不跑去沙發睡的丈夫才奇怪。

這跟大家在電視上看到的財閥領導人差很多。

　　真的變成財閥領導人之後，才知道要活得像電視劇那樣太難了。我一開始有想那樣生活，但太辛苦、太不舒服了。我想吃什麼就做什麼，這反而很舒服。生活都一樣，沒什麼哲學，就只是舒服過日子罷了，裝模作樣活著更累。我到六十五歲都是這樣生活，現在要改變什麼呢？我都是想做什麼就做什麼，但對孫女不行。我跟她說爺爺才真的是老大，她反而問說這是什麼東西。我整天跟妻子在一起，主要都聊孫子孫女。領導人有什麼了不起，孫子如果生病，我一樣不知所措（笑）。如果可以跟電視劇的編劇們說，會長真的沒有那麼壞就好了。韓國人看太多電影，都有種「會長是壞人」的認知，其實沒壞到那種程度啦。希望隨著時代，大家的想法也有改變。企業家要努力改變，也希望國民能對企業家寬容些。

當財閥領導人有什麼好處？

好在能見任何人。我見過其他領導人，也見過街友（沒有家、艱困的人）。《富比士》說我是韓國在世的人當中最富有的[2]，每一個人都給我肯定。我連現金都沒親自摸過，就得到了這份榮譽。妻子叫我不要掉（富翁）排名，我就回嘴說我又不是高中生（笑）。

▋社區理髮院與澡堂常客

聽說你有常去的理髮院跟澡堂。

我常去一家六十年的老理髮院，理髮師已經八十歲了，他說自己就是韓國理髮師的活歷史。不管我說什麼，（理髮師）都會照他自己的意思剪。澡堂則是去仁川南洞工業園區的海豚三溫暖，入場費是8,000韓元，我在裡面見到（人）都會開心打招呼。

不會不方便嗎？

不會，我的身體跟其他人都長得一樣啊（笑），沒什麼不同。脫光衣服互相打招呼、刷背，感覺真的很棒。夏天如果穿短褲、拖鞋去澡堂，那邊刷皮鞋的大叔會很高興，因為不用

---

2 作者注：原先韓國首富是三星會長李健熙，他2014年5月因急性心肌梗塞昏倒，後於2020年10月25日過世。

刷鞋子,他就用手把灰塵拍掉。我為了表示感謝,偶爾會給個 10萬韓元。我跟妻子在悅榕莊酒店吃飯,他們叫我們加入會員,我說就算可以買下整個悅榕莊酒店,我也不想加入會員。買悅榕莊酒店是商務生意,但買會員就不一樣了,我還想去社區的澡堂啊。

你穿的衣服好像都一樣(笑)。

　　我主要穿Under Armour,不穿白襯衫、打領帶。衣服不是棉製,是延展性很好的尼龍,所以很方便。不要因為顏色都一樣就覺得是同一件(笑),我大概有二十到三十件,大家也都一直送。我不喜歡換衣服,所以冬天只需要兩件。因為形象變成這樣,大家也都習慣了。某個會長習慣插手帕、繫領帶,提醒我要提高格調。我試過,但很難折,也不適合我,這只適合體型小的人。美國國務卿龐培歐也會在胸前插手帕,但對我來說Under Armour才完美。打折的時候一件賣30美元到40美元,國內沒有我的尺寸,我會在出差的時候買。大媳婦也有幫我買過海外直購。但買了3萬韓元的Under Armour,我會給媳婦30萬韓元,我就乾脆叫她不要再買了(笑)。

▎三十年的應酬人生

你菸癮很重,一天會抽多少?

　　我已經減少很多了。多的話，一天會抽到三、四包，現在大概是兩包。我抽最多的，就是在臨床數據出來的時候。這個事業沒有所謂的中間，就是「all or nothing」，連員工也超緊張。結果出爐前的三、四個小時，每次報告的間隔是五分鐘為單位。如果有差錯，1,000 億韓元就白花了。藥品的開發費用本來就很貴。

你沒想過為了健康戒菸嗎？

　　其他事情我可以很果斷，就香菸沒辦法。我試過幾次，但反而抽更多，後來想說先抽多一點再來戒，但果然失敗了。妻子也問我為什麼不能，我還真不知道。孫女也會叫爺爺不要抽菸，但當然是奶奶指使的。妻子本來反對，後來就叫我抽到不能再抽算了。

你愛喝酒嗎？

　　不太喜歡，我過了三十年的應酬生活，還會想喝嗎？我馬上就有個場合要跟創辦人們晚上一起喝酒，我現在都跟他們說去安靜一點的地方。原本的餐廳外面比較簡陋。企業家是賺錢的人，哪個賺錢的人沒進去灰色地帶，只是有些人被發現，有些人沒被發現。不能因為被發現就說是壞人，應該說他們倒楣。但問題是你要如何減少壞事、增加好事來賺錢。

你也太誠實了吧？（笑）

　　妻子生日的時候，我岳母說你遇到了好妻子，所以才能成功。大概說了六次吧。我就說：「岳母說得對，但財閥會長裡面沒幾個人會跟元配一起住。」大姨子們也說沒錯。我岳母沒說什麼，指示一直叫我們好好生活。我說：「現在贍養費太貴了，我們可不能分手啊。」（笑）夏林的金弘國會長夫婦會一起吃三餐，所以我們夫妻只要講到他們就一定會吵架，因為妻子會叫我多學學。我們夫妻早上一起起床、一起上班，只有晚餐分開吃。只有賣糖餅的才會三餐都一起吃吧？妻子擔任控股公司的副會長，工作起來就跟她當國小老師的時候一樣。我如果去出差，公司章就由妻子保管。我五分鐘內就決定的事情，妻子卻會花幾小時才蓋章，非常仔細。

▌成功的人必須自省過去

聽起來跟一般民眾的生活差不多（笑）。

　　我小時候半工半讀，也領過薪水，創業初期也開過空殼公司。曾經待過中小企業、中堅企業，不知不覺就變成大企業的領導人了。最近多虧《富比士》，讓我以韓國第一、第二名富豪聞名。成功之後，其實最辛苦的是跟過去的關係。我成功了，但過去沒有那麼乾淨。公司大到某種程度，我也成了名人，有個集團的會長叫我：「跟過去所有事一刀兩斷吧。」結果大概

過了六個月，我就無聊到快活不下去。我跟其他會長是可以見幾次面啊？所以我說「不幹了」（笑）。我要找國小同學，也得找找國中同學，不然超過六十歲的人還能找誰呢？我說比起當個貴族，我寧願過我原本的生活。我雖然也嘗試包裝自己，但還是照實最舒服。我跟國小、國中、高中跟大學同學見面之後，說我過去爭議的人越來越少。這些人最知道我過去不風采的事了，但因為我常常跟他們相處，所以都是我的朋友。

　　人生不可能完美，我沒想過我會成為有名、成功的人。我做盡了其他人眼中的壞事，一路這樣活過來，卻在變得有名之後，過去才浮上檯面。我跟妻子坦承「我就是這樣活過來的，能怎麼辦，我之後會好好過日子，你就當我沒做過吧」。妻子說你不要去煩到別人就好。我也跟其他會長說「你們一開始就是皇家貴族，有自己的小圈圈，所以才能保守祕密，但我不是」。用平常的樣子面對所有層級的人，這樣比較舒服。

你最擔心什麼不光彩的行為？

　　我說過在創業初期，只要可以不讓公司倒閉，我什麼都願意。我也說過，如果我自殺公司就能安穩，那我會毫不猶豫去自殺。我如果失敗，會有多少受害者啊，就算活著也是生不如死。就算我結束生命，也不能讓別人有損失。我還說過只要有100億，老鼠藥我也可以吃。現在來看，100億雖然不算什麼，但在當時卻是天文數字，這就是我每天晚上都會去酒店的原

因。我必須借錢，但有錢人都在酒店。為了錢，我沒什麼做不到的。我死跟著那些有錢人，如果那些人叫我喝炸彈酒，我就喝。要討好那些醉漢，我也不能神智清醒。我也曾經去酒店之前，先在車上空腹喝了一瓶烈酒。你要掏心掏肺去討好對方，才能借到幾千萬、幾億韓元。實際上就是在乞討。一個禮拜去個兩次，一年就是一百次。這種事做個三十年，那就是三千次。忙的時候甚至每天都去，一天跑到兩攤、三攤。做到這種程度早應該解脫了。創辦人的經歷都差不多，都是工作過出來創業。我做過的事情，難道那些人會沒做過嗎。你知道每天喝醉酒生活有多難嗎？結果我甚至記不清楚過去做錯什麼。如果你去翻到底，就會知道既得利益者的東西是怎麼來的。我殘忍地踐踏那些弱者，不管是直接還是間接。不搶奪弱者，那你要怎麼成功呢？但你不能只是享受，而不知反省。你必須在思考過去的同時，不忘歉疚之情。因為丟臉而無法坦誠——你自己跟神都會知道。

　　教會有邀請我去演講，這其實非常累人。我去教會講謊話，神應該不會放過我吧？所以演講時，我都說自己不是那麼好的人。但我有自信的是，我在法律期效內沒有做過壞事。活著活著才發現，似乎要從現在開始帶著悔改、贖罪的心過活，才是我真正的任務。到現在都人知道我的罪，我也沒想要坦承，但願不要露出馬腳（笑）。要讓我們國家適合生活、充滿希望，最好的方法就是讓成功的人反省自己的過去。成功的果

實必須用在多數人的利益上，而不只用在自己身上。

似乎很多人會有共鳴，如果能把那些事寫成自傳就好了。

　　我都說我不是好人了（笑）。這不是開玩笑，如果早知會出名，我當初就會是模範生了。但如果那樣，我也可能不會成功。出名之後，有些我根本不記得的人打電話來。我想說是誰，結果發現是大學約過會的女生。好笑的是，她丈夫也打了電話過來。祕書們（以為我闖禍了）都臉色鐵青。過去不是模範生的人，出名之後會有很大代價。有些事會用錢處理，但他們沒錢又會再打來，所以我後來跟妻子坦白，看她想怎麼做。當名人很辛苦，企業家變成名人更辛苦。你不要把我塑造成壞蛋，也不用是聖人。我不是什麼好人。如果你寫的時候扭曲，搞不好我就會接到電話，說「你不是那種人，你明明就做了很多壞事」。

▋ 衝勁與義氣

（我問了同為創辦人的賽特瑞恩副會長奇友誠，關於徐廷珍會長的事。）

徐廷珍會長是怎樣的經營者？

　　我們會長很難用一句話來定義。我在旁邊服侍很多年，

感情很深。有時候覺得他心裡住著佛祖，但他強勢地衝過來的話，又真的像一頭野豬。他很擅長把動力跟情感混在一起用，很會將人一軍。他的風格是，發生問題會先把自己置於死地，然後再解決。他很有義氣，吃虧也不會逃避。如果做事有結果，他會信任然後全盤交給你。在業務上，他會親自布好大局。他很懂得掌握脈絡，如果跟他談，他可以把難題用簡單有邏輯的方式解釋出來，常常都讓我很驚訝。

他好像很了解歷史。

不只歷史，他在美術、音樂、宗教等各方面的知識都很多。我們之前去中國玩，他還用淵博的知識解釋當地的歷史，一起去的人都嚇到了。

PART 19

翻轉未來的新挑戰

徐廷珍在2020年12月31日退休後，開始了新挑戰。他投入結合生技產業與第四次工業革命的U-Health Care初創公司。也就是說，他又回到二十年前創業的時期。美國曼哈頓的大戶們都展現出高度期待，已經準備好數兆韓元等著他。徐廷珍還將自動駕駛車時代結合娛樂事業，畫好攻占15億中國市場的巨大藍圖。他也夢想創造第二個全國企業聯合會，經營培養後進企業的創業學院。雖然也有人鼓勵他從政，但他無意踏入政壇。徐廷珍說自己的夢想，就是努力做自己最擅長的事情——做對公司、員工、股東、社會有幫助的事。

▌U-health Care 新創挑戰

你宣布在 2020 年底退休，現在有改變想法嗎？[1]

　　跟承諾一樣，我會在六十五歲的 2020 年 12 月 31 日退休，成為名譽會長。這是 2015 年就跟員工們約定好的，不能反悔。我在 2019 年初的開工儀式也講過「還剩下兩年跟大家一起工作」。雖然戶籍上是 1957 年生，但我是 1956 年生的，所以應該要以出生年為準。名譽會長沒有薪水跟辦公室。

你卸任之後的計畫是？

　　我會把現有事業交給專業經理人，也不會扯專業經理人的後腿。大股東只要決定哪個專業經理人比較適合就可以了。大家都很好奇我是否真的要離開，要消除疑惑的方式就是徹底放棄（經營）。如果我時不時出現，大家就會議論。我要挑戰新的事業，回到二十年前開始創業的時期。守護現有事業就交給後輩，我想做我最擅長的事──給新企業築城（創業）。與其留在公司倚老賣老地嘮叨，這樣應該比較好吧？

你說新事業是做 U-Health Care？

　　我的理想是創造一個全世界七十億人口都能使用的遠距診

1　作者注：對話時間點為 2020 年 11 月。

療醫院。我打算開始賽特瑞恩沒做過的新事業。未來U-Health Care的市場會有一京的規模，可能會比現在的製藥市場還大。國際製藥公司應該都在計畫投入U-health，但公司所有人出身的只有我，潛力最大。賽特瑞恩控股保有我大部分的股份，我可以用我的權限來做創業投資。第四次工業革命需要很長時間，要做的事情很多。我得跟各個國家的元首見面，法律也需要改變。大股東的角色是為未來做準備。我們要透過創投建立新企業，並創造新的事業體，再將其轉交給專業經理人。如果要讓事業有連續性，就要持續未來的投資，這是所有人的責任。專業經理人很難做未來的投資。

這樣說來，你的退休不是完全退休，而是開始新的挑戰。

　　六十五歲，是剛好的年紀。在這個創業，會擁有熱情跟信用助我成功。等到七十歲，投資者就不會理你了，他們會覺得「老了你還想做什麼」。

賽特瑞恩三家公司的總市值超過80兆韓元（2020年12月11日為準），創業才二十年就取得巨大成功。你不因此滿足，反而勇於挑戰新事物，這種熱情跟希望的泉源是什麼？

　　這是創辦人的本能。想要用同樣的時間，做出更有效果的事。賽特瑞恩的守城可以交給後輩，不一定要我來做。就像在屋頂上再蓋屋頂一樣，現在擴大企業規模已經沒有意義了。把

已經弄好的東西拿來拿去的話，反而會弄壞的。應該要回到一開始出發的姿態，跟認同我的人一起工作。

▌自我檢測系統是核心

你已經畫好遠距診療醫院的細部藍圖了嗎？

　　做遠距診療醫院，第一個是要能在家裡檢查。每一個家庭都應該要有綜合檢查套組。現在的家庭可以檢查體溫、脈搏、小便等，但沒辦法驗血。如果要這麼做，就必須導入「居家驗血系統」，用少量血液測得結果。第二個，醫師如果要做遠距診療，需要軟體公司將每一個醫療機關有的資料連結到大數據。第三個需要電子商務公司，可以依據遠距診療結果將藥品藉由電子交易寄送。這三者是必備的一套。其他還有把注射器變內財，也就是變為國產。

新事業是在韓國、還是國外？

　　如果不是新冠肺炎流行，我本來打算退休就跟妻子一起去海外。因為全部的大筆資金都來自海外。如果想要全心投入，應該要先去這個領域技術最發達的國家。雖然有疫情這個變數，但從 2021 年開始，我留在國內的時間將會更少。

U-Health Care 相關技術發達的國家有哪些？

醫療設備跟技術方面是美國最發達，軟體網路則是法國。講到電子商務依然是美國，我們應該跟亞馬遜合作。注射器的話則是台灣、德國、瑞士。我們沒辦法做注射針頭，那比想像中困難，因為那是利用雷射在針上穿洞的精密技術。注射針越細，疼痛感就越小。如果要在同樣規格下保障品質，就要看技術。技術是德國最強，但規模最大的是台灣。

遠距診療應該會是核心，但目前韓國醫療界反對。

如果要讓「自我檢測系統」變成可能，必須實現大數據、修訂《藥事法》等等，因此需要社會性的重大妥協，以及基礎設施。韓國的基礎設施尚未完備，我們先在能的國家做，之後再回韓國就可以了。事業正式啟動需要花上五年到十年。第四次工業革命是技術融合。不只是生物科技，還需要複合技術，將人工智慧、奈米、VR、電子商務等各種領域融為一體。你可以理解成樂團指揮，一絲不亂地協調著各種樂器的音樂家。

你有跟政府協議過嗎？

我們國家經濟部門的公務員很忌諱跟企業家見面。政治人物雖然可以理解企業家的話，但沒有可以實現的工具。

▎曼哈頓提議投資4兆韓元

U-Health Care事業會需要多少投資金？

　　總共需要10兆。不會用到一點賽特瑞恩的錢，也不會帶員工過去。不是用我賺的錢，而是用我的信用在美國曼哈頓等地接受外部投資。有趣的是，我說要退休之後創業，結果美國紐約曼哈頓送來了邀請。

什麼樣的邀請？

　　說我的信用（保證）是4兆韓元，問我想做什麼。我說我需要10兆，他們說會準備好錢，叫我只跟他們說事業方向就好。

事業內容都還在構思中，就可以先給錢了嗎？

　　最近都是這樣的。有信用的創辦人如果要做事業，就會先創SPC（特殊目的法人）籌資。以前商業模式是最重要的，但現在是有經驗者的信用價值更重要。因為他們認為，我做生意他們就會賺錢。特斯拉也是這樣建立的企業。

徐會長的信用額度是多少？

　　我也問了，吃一次晚餐是1兆韓元，午餐的話小集團可以有約1,000億到2,000億。說要湊到4兆韓元，只要四天三夜就

可以了。

你可以再具體說明一下SPC投資方式嗎？

　　（一邊展示圖片）這是最近全世界的模式。受到基金信用認可的人會成立以企業併購為目的的SPC。我要創業，就會用我的名字創SPC。然後基金跟金融機構會投資SPC。接著我會宣布事業目的，把湊到的錢投資在有成長可能性的企業。現在崛起的公司都是用這種方式成功的。以前把錢湊給有創業點子的人，現在則是湊給有創業成功經驗的人。也就是說，根據創業者的信用進來的錢會用來開展事業。之後SPC成長，投資者就可以變現退出。

這似乎跟孫正義的願景基金[2]類似。願景基金的資產達1,000億美元（約110兆韓元）。

　　對。國內目前還沒有這種案例。在國際上能夠得到認證的除了我，大概就是Naver李海珍、Kakao金范洙、Netmarble房俊、NXC金正宙等等。第三代財閥沒辦法認證，只有創辦人可以。創辦人也被默許持有SPC約30%股份。我也打算在SPC創造國內資本的大門，只要讓他們以同樣條件進來就可以了。

2　編注：軟銀願景基金是全球最大的「以技術為中心」的證券投資基金。

國內有合作夥伴嗎？

我正在跟Naver李海珍全球投資負責人協商，因為Naver也做AI。如果韓國要進入第四次工業革命，金融市場也要一起前進才行。不能無條件用產業銀行貸款來做事業。我退休後想創造出新的創業面貌。

其他創辦人的意見為何？

都可以做，我問說為什麼要浪費信用。可以用這些錢做生意，然後把現有的事業果斷地傳給後輩。但大家都說不是現在，現在想舒服過日子。做自己喜歡的事情不真正舒服嗎？現在動起來比較有利。我先走一步，其他創辦人就會跟上來，這樣就能創造新的模式。One Equity Partners投資我6,000億韓元，九年之內賺了8兆，是基金創立以來最大的收益。但它也沒說謝謝，只說很高興跟你合作之類的。要變現的時候，也是等到要拋售股票才會告知。這不會太過分嗎？（笑）他們都是大膽投資，然後徹底獲利。他們在韓國投資的比重非常低，真可惜，但還是有在一些領域肯定韓國。正確運用的話，我們會有很大的發展。外國基金甚至要求我賣出賽特瑞恩的股票。

是想要賽特瑞恩的經營權嗎？

不是，是叫我用賣股票的錢買一家大企業的股票。他們自己會先偷偷買進這家公司的股票，再轉給我。他們只想著金錢

遊戲，沒什麼做不出來。我說如果這樣做，我在韓國會被打死，他們反而問為什麼。我只好說算了。

▌結合第四次工業革命的娛樂事業

聽說你退休後，打算做 U-Health Care 跟娛樂事業？

　　娛樂事業也是跟第四次工業革命的相關產業，這個市場也非常大。現在韓國內的娛樂事業已經沒有意義了，一定要以中國市場為前提。我們有韓流，卻沒有韓流產業。CJ 跟樂天主要投資了電影院，卻沒有投資內容，這只是在做爆米花生意啊（指電影院產業）。韓國電影市場就算有一千萬人又有什麼意義？要去海外才對。美國洛杉磯 23% 居民都是靠好萊塢過活，但好萊塢不只有美國電影，我們仍有不足。我跟政府人士見面，他們會強調就業機會。但如果我們真的需要的兩百萬個工作機會，就應該投資相應產業的企業。不是喊口號就能成功，而是要創造。我創造的就業機會就有十五萬個，其他集團也應該互相負責，創造就業機會。喊口號有什麼用？現有產業需要取捨，把該丟的丟掉，該培養的好好培養，一起創造出新的就業機會。

你認為，如何用娛樂事業攻略中國市場？

　　我跟 Netflix 的總裁見面，我說如果你借我平台，我就可

以進軍中國。反正Netflix進不了中國，而且我也沒必要弄個新系統對吧？還不如花許可費用。我想跟中國的馬雲（阿里巴巴集團的創辦人）見面提議這件事。賽特瑞恩娛樂的發行商已經改成Netflix了。我們製作的《VAGABOND》跟《我的國家》已經賣給Netflix，Netflix投資所有的製作費，這對Netflix來說是天上掉下來的禮物。《VAGABOND》創下了Netflix的最高收視率，也打算做第二季。透過Netflix，除了在韓國，只要一小時就可以在法國用法語、在德國用德語開播，向世界十一個國家公開。我上次去了巴黎，聽說當地人也覺得《VAGABOND》好看。

你的意思是要做出「中國用的Netflix」，中國會允許嗎？

我是誰？不是名譽中國共產黨員嗎（笑）？誰來做很重要。只要中國政府同意就可以。從內容企畫的階段開始跟中國協商，但請他們在企畫階段就給予許可。五千萬人的內需市場是有極限的，應該要連十五億的中國市場也一起瞄準。

聽說《自行車王嚴福童》票房失利之後，擔心娛樂事業的賽特瑞恩股東越來越多。

我去了美國好萊塢見了福斯的總裁梅鐸，他提議用70兆韓元賣出福斯，我想說瘋了不成。後來是以48兆賣給迪士尼（報導是57兆韓元）。我那時就感覺好萊塢的危機開始了，我

似乎看到些端倪。虛擬實境的時代會在五年或十年內到來，之後就不會有人去電影院了。自動駕駛車時代正式開始的時候，娛樂事業也會有爆發性的成長。在那個時代，在車裡無事可做。有格調的人可能會聽音樂，剩下的就只會看些內容（content）。汽車的玻璃窗全部會變成螢幕，在自動駕駛車時代，除了韓國以外，全世界都會變成這種狀況，中國100%會發生。為此，我們需要大量的亞洲文化內容與韓國文化內容。現在賽特瑞恩娛樂的資本金是500億，我之後打算增加到1兆。

有跟U-Health Care並行的餘力嗎？

　　對我來說有利無弊，對韓國的經濟也很重要。如果考慮到韓國在第四次工業革命時代的未來，應該要有五個左右的國家級事業。三星兩個、SK一個，我這邊有U-Health Care跟娛樂兩個就可以了。U-Health Care是我主攻領域，只要做就行，娛樂的話，我們公司電視劇做最多了。

▋創立第二個全國企業聯合會，以及創業學院

關於創立第二個全國企業聯合會，以及培養後輩企業家的創業學院，這是什麼樣的構想呢？

　　我正在召集創辦人會長，打算各自出500億韓元，準備建

立一個5,000億到1兆的基金。CVC（企業型創業投資）如果收到2至3兆的投資，就可以建立創業學院。我如果去曼哈頓去提案，甚至可以湊到5兆，最多應該有10兆韓元。我們會親自授課，然後給IT、BT（生物科技）領域的優秀年輕人才投資最少50到100億。如果項目不錯，我們也可以投資。也就是說，一個創辦人如果培養十個後輩企業，十個創辦人就可以培養出一百個。將會出現第二個賽特瑞恩。這些都已經獲得未來資產、夏林、HOBAN、Naver會長的同意，包括我就是六個。召集這些會長比想像中困難，有些人之間有嫌隙。看來我最圓融，因為沒人討厭我，他們說我最有趣，最沒禮貌，不會裝模作樣。總之，算是湊到了3,000億韓元。後來決定按照年齡，由我擔任會長，朴賢珠會長則擔任總務。

創立創業學院的契機是什麼？

　　年輕人全都在轉變成個人主義者。這樣一來，我們國家又一個熔爐之火要熄滅了。或許就是因為看不到前景。想說挑戰看看，經濟形勢不容樂觀，心理戰不能輸，但現在我們落後了。如果要提高水準，就需要一些熱鬧的活動。小小的東西是擋不住的。這不是國家做SOC（社會間接資本）就能解決的問題。一定要看見它動起來。經濟一旦下降，再往上走會需要五年，十年之後韓國的未來會充滿不確定性。經濟動搖的話，安全、主權也會跟著動搖。雖然中國目前無法忽視韓國經濟，但如果

變成這樣，情況會變得更複雜。我跟會長們說，這不是國家的事，而是你們的事。我說：「雖然我做內需，但如果內需市場崩潰，你們就會一起倒了，你們應該要比我更努力才對。」景氣循環跟我無關，人不想死就只能買我的藥。我招呼的某個貴賓要求我說明，我說氣氛很重要，要從自己的口袋掏出錢，經濟才會回來。事情不會照著計畫走，你必須自己創造氛圍。教授們可以制定框架，但不能左右經濟。為了扭轉經濟氛圍，我們必須促成各種運動。我這麼說之後，他說他懂了，他會試著召集教授們，讓我去說說看。怎麼變成我來說？之前某部門把局長、科長聚在一起，請我去演講，我心想自己真的是慢慢陷入沼澤（笑）。妻子叫我說話好聽一點，但這樣我就不會講話了，說話會結巴，結果她不讓我去演講。

　　國家要有大餅才能運轉，沒有餅的話，連分都都不用。我是經濟人士，要做有助於餅變大的事情，但這沒有正確答案，有可行的，也有不可行的，就是做到行為止。之所以找了許多集團談，是因為只有富人行動，波浪才能變大。即使政府下令也不會有行動。看看最近的趨勢，我覺得這樣下去會很糟糕，最後受傷的只會是人民，我們不會有什麼損失，只是會很丟臉——明明知道卻什麼都不做。

這對政府來說也是一件好事，應該也可以得到政府的資金支援吧。

　　我跟政府談過了，他們說會設立一個配套的基金，有可能達到1兆韓元。如果有必要創造新氛圍，那我們當成演出的道具也不壞。但民間人士可以跟公務員混在一起嗎？政府不該把錢花在這種地方，這樣投資會很慘。政府要管理，但企業由公務員管理是不會成功的。事業都有風險，但政府說不能選擇危險的事業投資。我們國家的組合型基金是國民年金，醞釀期間很短，沒辦法等太久，而且絕對不能有損失。如果有損失，也不能重新分配資金，這無助於培養新創企業。根據我的經驗，培養一家公司最少需要50億到100億韓元。根據行業不同，可能要等五年到十年。如果一百家裡面有二十家成功，那就算大成功了，十家也算成功。如果要這樣，就不能把錢花在組合型基金這種地方。所以我想用出資請求（Capital Call）的方式，我們資金到位了，曼哈頓資金也會到位。只要媒體開始渲染，氛圍會更熱絡。我也跟崔泰源會長說，可以叫財閥二、三代先試試看。這並不難，就是矽谷的方式。

▋ 企業家不能搞政治

周圍的人沒有勸你從政嗎？

　　有勸我去選首爾市長。

難道沒有踏入政壇的想法嗎？

　　員工們都叫我永遠不要。從政者不應該有道德疑慮，但企業家除非做一些有悖於道德的事情，否則就無法成功。幸好我在法律期效內沒有做過壞事，但我對於聽證會沒有信心（笑）。我絕對不搞政治。立法預算太低了。相反地，我會創業。

很多政治人物都想把自己包裝得體面。像徐會長這樣開誠布公，人民可能還比較能諒解。

　　憑事業成功的企業人士，有錢什麼都會去做，也因此才會成功。挑著做怎麼可能賺錢？這就是創業的人不能去搞政治的原因。他們已經喪失從政的資格了，沒辦法當公職。人生在世，成功的人會留下成功的痕跡，但有道德的人就不會成功——你必須遊走在灰色地帶才可以。成功之後的悔悟很重要。你要去思考自己過去做錯了什麼，剩下的人生該如何過。如果有人追究道德，正確答案就是：「我什麼時候說過自己沒問題？我是說以後不會再那樣了。」

有人說 2021 年初朴容晚會長任期結束後，你有可能接任韓國工商總會 [3] 會長？

　　沒有意願。我已經發表計畫，要在退休後開始 U-Health Care 新事業，怎麼可能還當韓國工商總會的會長？只是旁邊

3　KCCI，韓國最大商業遊說團體。

一些人說的吧。因為不只聽到一兩次，我也不能一一解釋，所以就放著不管了。我覺得SK的崔泰源會長是不錯的人選，我個人強力推薦。

後記
韓國財閥史上的重大轉變

　　2019跟2020年是韓國八十年財閥歷史上的一大轉折，接連發生了象徵財閥體制將結束的事件。

　　第一件事在2019年3月27日，發生於企業排名前十名的韓進集團主力──大韓航空的股東大會上。韓進的領導人趙亮鎬會長提出了理事連任議案，卻因股東反對而遭到否決。財閥領導人要進入自己旗下公司的理事會，卻因為股東反對而失敗，這是韓國史上第一次。

　　此前，財閥領導人被稱為企業的「所有人」，事名符其實的「主人」，在集團中行使無所不能的絕對權力，可謂「皇帝經營」。

　　但領導人的實際持股平均還不到4%，他們只是借助創辦人的影響力跟其他旗下公司持股，才能行使經營權。而隨著財閥改革跟經濟民主化的發展，「集團領導人＝會長」的公式開

始動搖。從趙亮鎬會長連任失敗就可以看出，財閥體制的最大特徵「皇帝經營」的裂痕正逐漸擴大。

第二件事，則是 2019 年 8 月 19 日最高法院的宣判。企業界排名第一的三星集團領導人——三星電子副會長李在鎔被判定對前總統朴權惠的親信崔順實等「國政壟斷勢力」進行巨額賄賂。李副會長在 2017 年一審中被判刑後，於 2018 年 2 月的二審中緩刑獲釋。但最高法院在 2019 年 8 月認定三星的賄賂金額高達 86 億韓元，並發回首爾高等法院重審。重審後在 2021 年 1 月 18 日宣判李副會長兩年六個月的有期徒刑。儘管工商團體跟保守輿論強調「三星危機論」，卻未能避開嚴格的法治主義。

過去財閥領導人的罪行再重，也幾乎都會宣布緩刑。但這在經濟民主化的思潮下有了巨大變化，陸續有財閥領導人被判處徒刑。嚴格的法治主義也適用於企業界第一的三星集團領導人，這顯示財閥體制的另一個特徵「財閥特權」出現了裂痕。

第三件事，三星電子副會長李在鎔於 2020 年 5 月 6 日對全體國民道歉。李副會長針對經營權的繼承與無工會經營道歉，並承諾日後會依法行事。他特別表示：「我不會將公司經營權傳給我的兒子們。」等於宣告放棄第四代的世襲經營。雖然其中暗藏避免自己於賄賂案中被判刑的目的，但在國民面前宣布要放棄財閥體制的最大特徵「經營世襲」，仍具有重大意義。

財閥在過去八十年間一直主導韓國經濟的發展，不過卻在

外匯危機時明顯暴露出其體制的限制。財閥過度依賴外債，他們的「章魚爪式擴張經營」碰到了外匯危機這種「外部因素」之後，就無力回天。在三十大集團中，有大約一半退出了歷史舞台。此後，財閥的經營方式才緊急修正，從以外部（如銷售）為主，改為以內部（如利潤）為主。

　　然而，財閥體制的核心——所有權與支配結構依然不變。持有少數股份就能行使無所不能的「皇帝經營」，以及不問經營能力、代代相傳的「經營世襲」等潛規則，似乎依舊是堅不可破的堡壘。財閥領導人家族的不法行為，懲罰簡直不痛不癢，這種「財閥特權」也沒有消失。

　　財閥體制光芒耀眼，但背後的陰影卻也深沉，尤其在經濟民主化時代，其中明暗的交替就更加明顯。不過，財閥體制也無法永遠違背時代的變化，象徵財閥體制的「皇帝經營」、「財閥特權」、「經營世襲」同時出現了巨大變化，這表示財閥體制將到達極限，終點已不遠。

　　財閥體制的終結不表示財閥的沒落。正如外匯危機是改變經營模式的契機，體制終點則表示財閥將轉變成新的所有權與支配結構。財閥自身也在摸索新的變化，其中有人展現出實際成果，但變化速度似乎不符合人民的期待。

　　自然而然，人們開始期待舞台上出現新型態的企業跟企業家。關於這一點，徐廷珍跟賽特瑞恩的登場，在八十年財閥歷史上有重大意義。徐廷珍展現出與現有財閥完全不同的新企業

與企業家形象。他從一開始就不同於現有的財閥。他跟金湯匙出身、繼承經營權的財閥二、三代不同，他是土湯匙背景、白手起家獲得成功。他還提倡「會長不是國土」，宣佈脫離皇帝經營，並向人民承諾在六十五歲退休，分離所有權跟經營權、杜絕不法與變相的繼承方式，目前逐一實踐——以上都是韓國八十年的財閥歷史上前所未見的事。

　　徐廷珍的承諾不是一時興起的，他在2015年就已經對公司人員及社會大眾預告退休。我們目前仍無法斷言，韓國財閥體制的革新者會是現有財閥，還是像徐廷珍這樣的新創辦人。此外，徐廷珍的承諾尚未完成，目前尚在進行。他會為財閥體制找到新的替代方案，或最終只是試錯，仍有待觀察與判斷。本書若能在過程中有所幫助，將會十分有意義。

　　最後，我要對在這本書上市前給予巨大幫助的Seoul Invest代表朴允裴（音譯），以及Wisdom House出版社致上深深謝意。

附錄
徐廷珍年表

※ 括號內是以實際出生年計算的年齡

1956年	• 忠北清州出生（戶籍為1957年生）
1977年（21歲）	• 濟物浦高畢業（二十一屆） • 進入建國大學產業工程學系與入伍（青瓦台警衛室勤務）
1983年（27）	• 建國大學產業工程學系提前畢業 • 結婚的同時在首爾江東區巖寺洞公共住宅開始新婚生活 • 在三星電子工作（人力開發院派遣）
1986年（30）	• 轉至韓國生產性中心 • 擔任大宇汽車品質與生產性提高方案顧問
1990年（34）	• 被挖角到大宇汽車當幹部 • 建國大學研究所管理學系（生產管理）碩士畢業
1999年12月（43）	• 向大宇汽車提出辭呈
2000年（44）	• 設立 Nexol、Nexol BIOTECH、Nexol 電訊、Nexol Net 等

2002年（46）	● 設立賽特瑞恩，KT&G投資200億韓元
2006年（50）	● 設立賽特瑞恩福利基金會
2009年（53）	● 設立賽特瑞恩製藥
2010年（54）	● KT&G將賽特瑞恩股份全數賣出
2012年（56）	● 抗體生物相似藥一號類希瑪獲得國內販售許可
2013年4月（57）	● 責備賣空勢力，並宣布將持有股票賣出 ● 歐洲EMA承認類希瑪
2013年10月（57）	● 金融委員會向檢方檢舉有操作行情的嫌疑
2014年7月（58）	● 因操作行情嫌疑被簡易起訴，並處以3億韓元罰金 ● 乳癌治療劑赫珠瑪獲得國內販售許可
2016年（60）	● 美國FDA承認類希瑪 ● 血癌治療劑妥利希瑪獲得國內販售許可
2017年（61）	● 歐洲EMA承認妥利希瑪
2018年（62）	● 美國FDA承認妥利希瑪 ● 歐洲EMA跟美國FDA承認赫珠瑪
2019年（63）	● 歐洲EMA承認類希瑪的SC劑型（皮下注射）
2020年1月（64）	● 簽訂協定，與中國武漢市建立合資生技醫藥品生產工廠
2020年12月（64）	● 申請新冠肺炎抗體治療劑有條件許可 ● 從賽特瑞恩集團退休
2021年（65）	● 挑戰U-Health Care領域創業

訪談中的徐廷珍（左）跟郭禎秀（右）。攝於 2020 年 11 月 20 日。

一起來　思 031

翻轉未來的人

從計程車司機到韓國新首富，徐廷珍如何擠下三星、打敗財閥神話？

서정진 , 미래를 건 승부사 : 셀트리온 신화와 새로운 도전

作　　　　者　郭禎秀　곽정수
譯　　　　者　陳慧瑜
主　　　　編　林子揚

總　編　輯　陳旭華 steve@bookrep.com.tw
社　　　長　郭重興
發 行 人 兼　曾大福
出 版 總 監
出 版 單 位　一起來出版／遠足文化事業股份有限公司
發　　　行　遠足文化事業股份有限公司 www.bookrep.com.tw
　　　　　　23141 新北市新店區民權路 108-2 號 9 樓
　　　　　　電話｜ 02-22181417　傳真｜ 02-86671851
法 律 顧 問　華洋法律事務所　蘇文生律師

封 面 設 計　陳文德
內 頁 排 版　宸遠彩藝
印　　　製　通南彩色印刷有限公司
初 版 一 刷　2022 年 3 月
定　　　價　420 元

I　S　B　N　9786269539666（平裝）
　　　　　　9786269539697（EPUB）
　　　　　　9786269566419（PDF）

國家圖書館出版品預行編目 (CIP) 資料

翻轉未來的人：從計程車司機到韓國新首富，徐廷珍如何擠下三星、打敗財
　閥神話？／郭禎秀（곽정수）著；陳慧瑜譯 .– 初版 .– 新北市：一起來出版：
　遠足文化事業股份有限公司發行 , 2022.03
　272 面；14.8×21 公分 . --（一起來思；31）
　譯自：서정진 , 미래를 건 승부사 : 셀트리온 신화와 새로운 도전
　ISBN 978-626-95396-6-6(平裝)

　1. 徐廷珍　2. 傳記　3. 韓國

783.28　　　　　　　　　　　　　　　　　　　　　　　　　110022567